JN350332

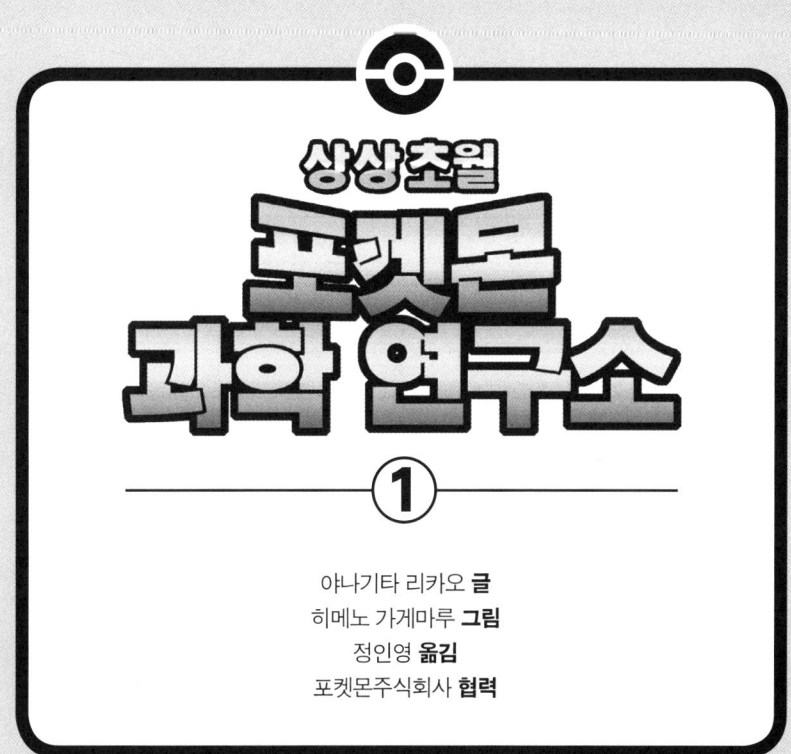

포켓몬으로 과학을 배우자!

이 책은 34마리의 포켓몬에게 과학적 호기심을 자극받으며 즐겁게 썼다. 독자 여러분이 좋아하는 포켓몬이 이 중에 한 마리라도 있었으면 좋겠고, 이 책을 통해 여러분이 그동안 궁금하게 여긴 포켓몬의 수수께끼가 하나라도 풀린다면 더더욱 기쁠 것 같다.

이 책을 쓰려고 결심한 데는 이유가 있다.

만화, 애니메이션, SF(공상과학소설)를 과학적으로 검증하는 책을 쓴 지 20년이 넘었다. 내가 일하는 '공상과학연구소'에는 매일같이 독자들의 편지와 이메일이 도착하고, 학교나 여러 강연장에서 강의를 할 때도 질문을 많이 받는다.

그중 포켓몬에 대한 질문이 특히 많은데, 질문 내용은 피카츄의 전격, 리자몽 불꽃의 온도, 망나뇽의 비행 속도 등 다양하다.

질문하는 이유는 충분히 이해가 된다. 게임 속 포켓몬은 싸울 때도 멋지지만, 매우 흥미로운 생명체이기도 하다. 포켓몬마다 몸집이나 능력, 서식 장소와 특징 등이 다르다는 것은 여러 권의 포켓몬 도감을 통해 밝혀졌다.

포켓몬 도감을 읽으면 머릿속에 질문이 넘쳐나기 시작한다. 마기라스는 어떻게 산을 무너뜨릴까? 그란돈과 가이오가는 태고에 어떻게 싸웠을까…….

그런 상상들이 점점 많아지자 이런 생각이 떠올랐다.

'이렇게 풍요로운 포켓몬 세계라면 포켓몬만으로 한 권의 책을 만들 수 있지 않을까?'

그리고 이런 생각도 들었다.

'포켓몬을 통해 자연과 과학의 재미를 전달할 수 있을 거야!'

그런 아이디어가 여러 사람의 도움을 받아 《상상초월 포켓몬 과학 연구소》라는 책으로 형태를 갖추게 되었다.

책을 쓰면서 또다시 느꼈다. 포켓몬들에게는 강렬한 개성과 상상을 초월하는 능력이 있다. 그리고 과학적으로 계산하고 생각하다 보면 놀라운 결론에 다다른다. 그때의 기분은 어릴 적 숲과 바다와 책에서 신기한 것을 발견했을 때의 느낌과 비슷하다.

포켓몬에 대해 즐겁게 공상하다 보면 틀림없이 과학으로 가는 길이 서서히 열릴 것이다.

- 공상과학연구소 소장
  야나기타 리카오

차례

포켓몬으로 과학을 배우자! ——— 2
이 책을 읽기 전에 ——— 10

- 화염포켓몬 리자몽에게 화학을 배우자
  **무엇이든 다 녹여 버리는 리자몽의 불꽃,
  그 위력은 어느 정도일까?** ——— 12

- 천공포켓몬 레쿠쟈에게 지구과학을 배우자
  **오존층에서 운석을 먹는 레쿠쟈가
  얻을 수 있는 에너지는?** ——— 18

- 쥐포켓몬 피카츄에게 물리를 배우자
  피카츄가 쏘는 '10만볼트' 전격의 위력은? ——— 24

- 씨앗포켓몬 이상해꽃에게 생물을 배우자
  ### 등에 핀 꽃 향기로 포켓몬을 불러 모으는 이상해꽃의 놀라운 능력! — 30

- 껍질포켓몬 거북왕에게 물리를 배우자
  ### 거북왕의 수류는 철판도 뚫는다고? 도대체 얼마나 센 거야? — 36

- 메가톤포켓몬 딱구리에게 화학을 배우자
  ### 딱구리의 동그란 몸은 바위처럼 딱딱하다! 무엇으로 만들어진 거지? — 42

- 드래곤포켓몬 망나뇽에게 지구과학을 배우자
  ### 16시간이면 지구 한 바퀴! 망나뇽의 비행 능력은 정말 대단해! — 48

- 경계포켓몬 보르그에게 생물을 배우자
  ### 볼주머니 속 씨앗을 날리는 보르그. 씨앗의 정체는 무엇일까? — 54

- 보석포켓몬 디안시에게 화학을 배우자
  ### 손바닥으로 다이아몬드를 만들어 내는 디안시. 어떻게 만드는 걸까? — 60

- 포용포켓몬 가디안에게 지구과학을 배우자
  ### 가디안이 만들어 내는 블랙홀, 그런 걸 만들어도 괜찮을까? —— 66

- 전류포켓몬 에레키드에게 물리를 배우자
  ### 팔을 돌려 전기를 만들어 내는 에레키드, 왜 전기를 모을 수 없지? —— 72

- 전설포켓몬 윈디에게 생물을 배우자
  ### 하루 만에 10,000km를 달려가는 윈디, 너무 빠르면 다치지 않을까? —— 78

- 개미핥기포켓몬 앤티골과 철개미포켓몬 아이앤트에게 생물을 배우자
  ### 포켓몬 세계의 먹이사슬!? 앤티골과 아이앤트의 배틀을 상상해 보자! —— 84

- 빙설포켓몬 바닐리치에게 물리를 배우자
  ### 공기를 얼려 상대의 몸을 얼려 버리는 바닐리치, 공기는 얼마나 필요할까? —— 92

- 불씨포켓몬 마그비에게 화학을 배우자
  ### 피곤하면 검은 연기를 토해 내는 마그비, 왜 그럴까? —— 98

- 망아지포켓몬 케르디오에게 물리를 배우자
  ### 수면을 달릴 수 있는 케르디오, 발차기는 얼마나 강할까? — 104

- 박쥐포켓몬 골뱃에게 생물을 배우자
  ### 피를 빨아들이는 골뱃, 얼마나 많은 포켓몬들이 희생될까? — 110

- 재난포켓몬 앱솔에게 지구과학을 배우자
  ### 재해를 예지하는 앱솔, 지진이나 화산 폭발을 어떻게 알아챌까? — 116

- 변신포켓몬 메타몽에게 생물을 배우자
  ### 몸의 세포를 재구성하여 변신하는 메타몽의 엄청난 능력! — 122

- 돌집포켓몬 돌살이에게 화학을 배우자
  ### 입에서 내뿜는 액체로 돌에 구멍을 뚫는 돌살이, 어떤 성분일까? — 128

- 연결포켓몬 님피아에게 생물을 배우자
  ### 마음을 온화하게 하는 파동을 보내는 님피아, 어떤 파동이지? — 134

- 탈것포켓몬 라프라스에게 생물을 배우자
한때 멸종 위기에 빠졌던 라프라스, 왜 그렇게 되었을까? — 140

- 솜풀포켓몬 솜솜코에게 지구과학을 배우자
바람 따라 흘러 흘러 세계 일주! 솜솜코의 여행은 어떨까? — 146

- 심록포켓몬 리피아에게 생물을 배우자
리피아는 광합성으로 얼마나 많은 공기를 깨끗하게 만들까? — 152

- 철공포켓몬 메탕에게 물리를 배우자
몸과 지구의 자력을 충돌시켜 공중에 뜨는 메탕의 놀라운 능력 — 158

- 정령포켓몬 네이티오에게 지구과학을 배우자
태양을 계속 응시하는 네이티오, 무엇을 알 수 있는 걸까? — 164

- 화구포켓몬 히드런에게 지구과학을 배우자
자신의 열 때문에 몸이 녹는 히드런, 괜찮은 걸까? — 170

- 뇌전포켓몬 에레키블에게 물리를 배우자
  **두 개의 꼬리로 전기를 흘리는
  에레키블의 효과 만점 공격법!** ─── 176

- 갑옷포켓몬 마기라스에게 지구과학을 배우자
  **마기라스가 난동을 부리면 지형이 바뀐다고!?
  어떻게 난동을 부리길래?** ─── 182

- 속삭임포켓몬 소곤룡에게 물리를 배우자
  **소곤룡의 울음소리는 제트기처럼 크다던데.
  대체 얼마나 큰 걸까?** ─── 188

- 장난포켓몬 후파에게 물리를 배우자
  **공간을 일그러뜨려 물체를 멀리 날려 보내는 후파.
  그러면 어떻게 될까?** ─── 194

- 대륙포켓몬 그란돈과 해저포켓몬 가이오가에게 지구과학을 배우자
  **태고에 그란돈과 가이오가는
  어떻게 싸웠을까?** ─── 200

이 책을 읽기 전에

이 책은 게임 안의 정보를 토대로 '포켓몬스터' 캐릭터의 특징이나 능력을 현실 과학과 비교하여 검증을 시도합니다. 검증 방법과 결과는 저자의 개인적인 의견이며, 포켓몬의 공식 설정이 아님을 밝혀 둡니다. 이 책에서 포켓몬이 등장하는 각각의 게임 소프트웨어 타이틀은 다음과 같이 생략하여 표기하였습니다.

포켓몬스터 블랙 2 포켓몬스터 화이트 2	▶▶	블랙 2 화이트 2 블랙 2 화이트 2
포켓몬스터 X 포켓몬스터 Y	▶▶	X Y X Y
포켓몬스터 오메가루비 포켓몬스터 알파사파이어	▶▶	오메가루비 알파사파이어 오메가루비 알파사파이어

또한 대표적인 도감 속 정보를 일러스트와 함께 하나씩 소개합니다. 본문 속 설명 인용문에서 게임명이 표시되어 있지 않은 경우는 도감에서 인용한 것입니다.

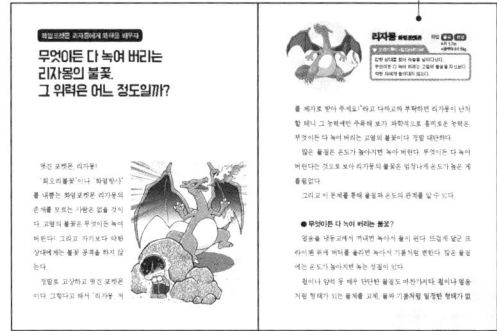

공식 도감의 정보

본문 속 도감 정보는 읽기 쉽도록 저자의 책임 하에 문장부호를 추가하였습니다.

이 책은 필요에 따라 계산 결과를 반올림하였습니다(원칙적으로 숫자는 앞의 두 자리만 남겨 두고 반올림합니다. 예를 들어 1,450m → 1,500m로 계산하며, 0.0362g → 0.036g으로 계산합니다). 따라서 독자 여러분이 본문에 표시된 값과 방법을 사용해 계산해도, 반올림 방식이 달라서 계산 결과에 차이가 생길 수 있습니다. 절대 여러분의 실수가 아니므로 걱정하지 마시길.

참고 도서

〈포켓몬스터 블랙 2 · 화이트 2 공식가이드북 완전포켓몬 전국도감〉
〈포켓몬스터 X · Y 공식가이드북 완전칼로스도감 완성가이드〉
〈포켓몬스터 오메가루비 · 알파사파이어 공식가이드북 완전전국도감 완성가이드〉

화염포켓몬 리자몽에게 화학을 배우자

무엇이든 다 녹여 버리는 리자몽의 불꽃, 그 위력은 어느 정도일까?

멋진 포켓몬, 리자몽!

'회오리불꽃'이나 '화염방사'를 내뿜는 화염포켓몬 리자몽의 존재를 모르는 사람은 없을 것이다. 고열의 불꽃은 무엇이든 녹여 버린다! 그리고 자기보다 약한 상대에게는 불꽃 공격을 하지 않는다.

정말로 고상하고 멋진 포켓몬이다. 그렇다고 해서 "리자몽, 저

리자몽 화염포켓몬
타입 불꽃 비행
● 키 1.7m
● 몸무게 90.5kg

▼ 오메가루비 · 알파사파이어

강한 상대를 찾아 하늘을 날아다닌다. 무엇이든 다 녹여 버리는 고열의 불꽃을 자신보다 약한 자에게 들이대지 않는다.

를 제자로 받아 주세요!"라고 다짜고짜 부탁하면 리자몽이 난처할 테니 그 능력에만 주목해 보자. 과학적으로 흥미로운 능력은, 무엇이든 다 녹여 버리는 고열의 불꽃이다. 정말 대단하다.

많은 물질은 온도가 높아지면 녹아 버린다. 무엇이든 다 녹여 버린다는 것으로 보아 리자몽의 불꽃은 엄청나게 온도가 높은 게 틀림없다.

그리고 이 문제를 통해 물질과 온도의 관계를 알 수 있다.

◉ 무엇이든 다 녹여 버리는 불꽃?

얼음을 냉동고에서 꺼내면 녹아서 물이 된다. 뜨겁게 달군 프라이팬 위에 버터를 올리면 녹아서 기름처럼 변한다. 많은 물질에는 온도가 높아지면 녹는 성질이 있다.

철이나 암석 등 매우 단단한 물질도 마찬가지다. 철이나 얼음처럼 형태가 있는 물체를 고체, 물과 기름처럼 일정한 형태가 없이 자유롭게 흐르는 것을 액체라고 부른다. 그리고 많은 고체는 온도가 높아지면 녹아서 액체가 된다. 소금이나 설탕을 녹이면 투명한 액체가, 철을 녹이면 빨간 액체가 된다. 화산에서 내뿜는 새빨간 마그마는 암석이 녹아서 액체로 변한 것이다.

고체에서 액체가 되는 온도(녹는점)는 물질마다 정해져 있다. 물(얼음)은 0℃, 설탕은 185℃, 소금은 801℃, 철은 1,535℃, 암석은 종류에 따라 다르지만 보통 800~1,200℃에서 녹는다.

그렇다면 녹는 온도가 가장 높은 물질은 무엇일까?

바로 '탄화탄탈하프늄'이란 물질이다. 연필심에도 포함된 탄소와 탄탈이라는 금속, 하프늄이라는 금속이 결합된 합금이 탄화탄탈하프늄인데, 금속을 자르는 칼처럼 온도가 높은 기계의 부품으로 사용된다. 이 물질이 고체에서 액체로 변하는 온도는 무려 4,215℃!

리자몽의 불꽃은 이 탄화탄탈하프늄도 녹일 수 있을까? 모든 것을 녹일 수 있으려면 탄화탄탈하프늄도 녹여야 할 테니, 온도가 4,215℃ 이상이어야 한다는 이야기다.

우리 주변에 있는 불의 온도는 양초가 1,400℃, 가스레인지가 1,700~1,900℃다. 철근이나 철판을 자를 때 쓰이는 아세틸렌 버너의 불 온도가 가장 높은데, 그 온도는 3,800℃다.

그러니까 과학적으로 생각하면 리자몽의 불꽃은 아세틸렌 버너보다도 400℃나 높을 가능성이 있다. 정말 리자몽은 대단해!

◉ 녹이는 것만으로 끝나지 않아!

다시 말하지만 리자몽은 자기보다 약한 상대에게는 불꽃 공격을 하지 않는다.

하지만 그 말은 곧, 자기보다 강한 상대에게는 무섭게 활활 타오르는 불을 무자비하게 내뿜는다는 소리다. 4,215℃를 넘는 불꽃을 맞은 상대는 어떻게 될까?

당연히 주르륵 녹아 버릴 것이다. 어떤 포켓몬이든 몸이 물질로 이루어져 있다면, 리자몽의 불꽃을 제대로 맞는 순간 녹아내릴 것이 뻔하다.

아니, 그것만으로 끝나지 않는다. 과학적으로 생각해 보면 훨씬 무서운 운명이 기다리고 있다.

이미 설명했듯이 고체에 열을 가하면 대부분의 물질은 액체로 변한다. 그 액체에 열을 더 가하면 기체가 되어 버린다. 예를 들어 얼음에 열을 가하면 물이 된다. 그 물에 열을 더 가하면 결국 보글보글 끓어올라 수증기로 변한다. 수증기는 공기 속을 자유자재로 날아다니는 기체이므로, 결국은 공기와 섞여 사라져 버린다.

철이나 암석 등 다른 물질도 마찬가지다. 뜨겁게 녹여 액체가 된 뒤에도 계속 열을 가하면, 점점 끓어올라 나중에는 증기가 되어 사라진다. 끓는 온도(끓는점) 역시 녹는점처럼 물질에 따라 정해져 있다. 예를 들어 물은 100℃, 소금은 1,413℃, 암석은 약 2,000℃, 철은 2,862℃. 그렇다면……?

그렇다. 독자 여러분들은 이미 눈치챘겠지만 물이나 암석,

철 등이 기체가 되는 온도는 4,215℃보다 낮다! 만약 리자몽이 4,215℃ 이상의 불꽃을 내뿜는다면, 녹은 물질은 녹는 것만으로 끝나지 않는다. 부글부글 끓다가 곧바로 기체로 변해 그 자리에서 소멸해 버릴 것이다. 어휴, 리자몽 불꽃의 위력은 정말 무시무시하다.

ⓒ 어떻게 이길 수 있을까?

만약 이렇게 무시무시한 리자몽과 현실 세계에서 맞붙을 경우, 상대 포켓몬은 어떻게 하면 좋을까?

정면 승부는 승산이 없다. 그러나 불꽃을 맞아 물질이 녹거나 증발한다고 하더라도 그렇게 되기까지는 어느 정도 시간이 걸릴 것이다. 따라서 리자몽이 불꽃을 토해 내기 시작하면 가능한 한 커다란 바위 뒤로 살짝 숨는 방법을 추천한다.

바위가 녹는 동안 반격할 수단을 생각해 내야 한다. 어쩌면 바위 뒤에 숨은 모습을 본 리자몽이 '이 녀석은 약하군!' 하고 생각해 불꽃 공격을 그만둘지도 모른다. 그때가 절호의 찬스다! 방심한 리자몽을 등 뒤에서 공격하자. 매우 한심하기는 해도 엄청나게 강한 리자몽과 싸우려면 그 방법밖에는 없지 않을까?

> 천공포켓몬 레쿠쟈에게 지구과학을 배우자

오존층에서 운석을 먹는 레쿠쟈가
얻을 수 있는 에너지는?

레쿠쟈는 여러모로 규모가 큰 포켓몬이다. 몇억 년을 살았다고 전해지며, 먼 옛날 그란돈과 가이오가의 싸움을 말렸다는 전설도 있다. 그리고 구름보다 훨씬 높은 곳에 있는 '오존층'에 살면서 운석을 먹는다니! 참으로 호기로운 포켓몬이다. 여러 가지가 마음에 들지만 특히 이 책에서는 '오존층에서 먹이인 운석을 먹는다'는 사실에 주목해 보겠다.

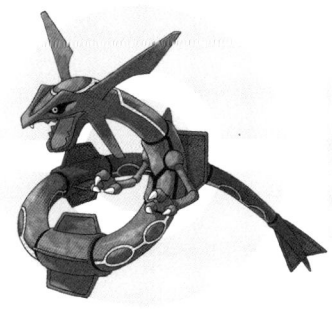

레쿠쟈 천공포켓몬

타입 드래곤 비행
● 키 7.0m
● 몸무게 206.5kg

▼ 알파사파이어

오존층을 날아다니며 먹이인 운석을 먹는다.
체내에 모인 운석의 에너지로 메가진화한다.

　운석이란 우주에서 떨어지는 암석 혹은 금속 덩어리다. 낙하 속도가 굉장히 빨라서 공기와 부딪히면 뜨거워져 눈부신 빛을 내뿜고, 그 열 때문에 폭발하는 경우도 있다. 2013년 러시아 상공에서 커다란 운석(지름 17m)이 폭발해 폭풍이 발생하여 1,491명의 사상자가 생겼다. 폭발 직전의 운석 온도는 6,000℃ 가까이 되었다고 추측된다.

　운석이란 그 정도로 뜨겁고 빠르다. 레쿠쟈는 어떻게 그런 운석을 먹을 수 있을까?

◉ 오존층이란 어떤 곳일까?

　레쿠쟈가 날아다니는 오존층이란 어떤 곳일까?

　땅 위에서 10~50km 높이에는 공기 속의 산소로 만들어지는 '오존(O_3)'이라는 기체가 떠다닌다. 태양 빛에는 생물에 유해한 자외선이 포함되어 있다. 오존은 산소로 만들어질 때도 산소로

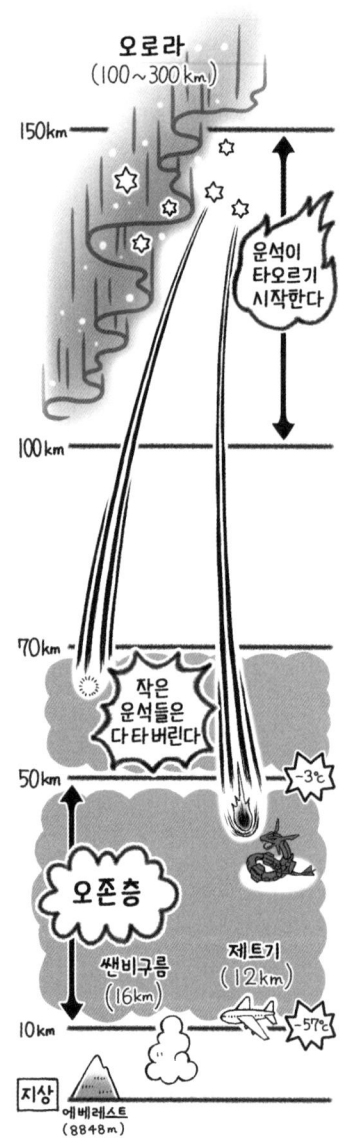

돌아갈 때도 자외선을 흡수해 준다. 생물이 살아갈 수 있는 것은 오존 덕분이다.

오존이 떠다니는 상공이 바로 오존층인데, 수십 년 전부터 오존층의 오존이 줄어들기 시작해 '오존층 파괴'라는 심각한 환경문제가 되었다.

'레쿠쟈가 날아다니면 오존층이 파괴되지 않을까?'

걱정하지 않아도 된다. 오존층을 파괴하는 것은 인간이 만들어 내는 화학물질뿐, 레쿠쟈가 아무리 날아다녀도 오존층은 파괴되지 않는다. 오존층을 못살게 구는 것은 레쿠쟈가 아니라 인간이니까.

그러나 오존층은 생물이 살아가기에 잔혹한 곳이다. 우리가 사는 땅 근처와는 반대로 높이 올라

갈수록 기온이 높아지는데, 기온이 가장 낮은 곳이 −57℃, 가장 높은 곳이 −3℃이다. 어디든 춥다!

레쿠쟈가 조금이라도 더 따뜻한 오존층 위쪽에 살면 좋겠지만, 거기에는 오존층에 흡수되기 전의 강한 자외선이 내리쬔다. 생명이 위험하다!

레쿠쟈는 이토록 험난한 곳에서 사는 것이다.

◉ 레쿠쟈가 먹는 운석

그러나 운석을 먹는다면 오존층에서 사는 것이 정답이기는 하다.

지구에 떨어지는 운석은 작은 덩어리이건 큰 덩어리이건 고도 100~150km에서 공기와 충돌하며 뜨거워지고 빛을 내뿜는다. 그리고 지름이 몇 cm 정도 되는 작은 운석 조각들은 고도 50~70km에서 완전히 다 타 버린다. 이러한 광경을 지상에서 보면 빛이 '슈웅' 하고 지나가다 사라지는 것처럼 보이므로, 사람들은 이것을 '별똥별'이라고 부른다.

작은 운석들은 오존층에 다다르는 동안 다 타서 사라진다. 그렇다면 오존층 안까지 떨어지는 것은 공기와 충돌했을 때에도 다 타지 않은 커다란 운석이라는 결론이 나온다. 뜨거워서 열 에너지도 가득할 테니 먹는 보람도 있겠지.

다만 운석을 먹는 것은 레쿠쟈에게도 쉬운 일이 아니다. 운석은 아무리 느려도 초속 10km, 빠른 경우 초속 40km로 떨어지기 때문이다. 초속 40km는 120M(마하)의 속도다!

레쿠쟈의 놀라운 순발력

레쿠쟈가 오존층 중간인 30km 정도의 높이에서 산다고 가정해 보자. 100~150km 높이에서 타오르기 시작한 운석은 70~120km 구간을 지나며 레쿠쟈 쪽으로 떨어진다. 가장 빠른 초속 40km의 운석의 경우 상공에서 반짝이는 모습이 보이면 늦어도 3초, 빠르면 1.75초면 도착한다!

머리 위 하늘에서 반짝반짝 빛나는 운석을 발견하면 레쿠쟈가 운석이 떨어지는 방향으로 돌진할 것이다. 이때 상당히 빠르게 움직여야 하는데, 늦으면 운석을 놓치기 때문만은 아니다. 떨어지는 운석의 지름이 50cm라고 하면 그 무게는 200kg 정도로, 레쿠쟈의 몸무게 206.5kg과 거의 비슷하다.

무거운 운석이 위에서 떨어지기 때문에 레쿠쟈도 비슷한 속도로 돌진하지 않으면 운석을 입에 넣는 순간 내동댕이쳐져 날아갈지도 모른다. 그렇다면 레쿠쟈도 120M의 속도로 이동할 수 있다는 말이니까, 얼마나 놀라운 순발력인가!

이렇게 운석을 먹으면 레쿠쟈는 어느 정도의 에너지를 얻을 수 있을까? 120M의 속도로 떨어지는 지름 50cm 운석을 기준으로 계산하면 그 에너지는 3,800만kcal다. 영양 에너지로는 소 44마리 분량의 영양분, 시속 100km로 달리는 대형 트럭 8만 대와 충돌하는 정도의 파괴력이다!

레쿠쟈가 강한 이유는 강력한 에너지를 보유한 운석을 먹기 때문일 것이다. 게다가 운석을 먹으면 운석이 땅에 떨어져 생기는 피해도 미리 막을 수 있다. 결과적으로 레쿠쟈는 모든 포켓몬들을 지켜주고 있는 셈이다. 역시 대단한 포켓몬이다.

쥐포켓몬 피카츄에게 물리를 배우자

피카츄가 쏘는 '10만볼트' 전격의 위력은?

엄청난 인기를 자랑하는 귀여운 포켓몬, 피카츄.

겉모습도 귀엽거니와, '처음 보는 것에게는 전격을 맞힌다'는 사실도 마치 아기가 눈에 띄는 것들을 전부 입안에 넣는 모습처럼 귀엽다. '새까맣게 탄 나무열매가 떨어져 있다는 것은 전격의 세기를 조절하지 못했다는 증거'라는 것도 약간 바보 같은 매력이 느껴져서 귀엽다.

피카츄 쥐포켓몬　타입 전기
▼ 오메가루비
• 키 0.4m
• 몸무게 6.0kg

처음 보는 것에게는 전격을 맞힌다.
새까맣게 탄 나무열매가 떨어져 있다는 것은
전격의 세기를 조절하지 못했다는 증거다.

 그러나 피카츄의 기술 중 '10만볼트' 전격은 굉장한 위력을 지닌다. 처음 본 상대에게 무작정 전격을 맞힌다거나 전격의 세기를 헷갈리거나 했다가는 큰일이다!
 10만V 전격의 위력은 과연 어느 정도인지 알아보자.

◎ 10만V에 감전되면 어떻게 될까?

 10만V의 'V(볼트)'는 전압의 단위다. 전압이란 전류를 흐르게 하는 힘의 크기를 뜻한다. 같은 전구나 전선을 사용하더라도 전압이 높을수록 전류가 높아진다. 전류는 1초 동안 얼마나 전기가 흐르는지를 뜻하는데, 단위는 'A(암페어)'를 쓴다.
 예를 들어 1V의 전압으로 1A의 전류가 흐르는 꼬마전구에 2V의 전압을 가하면, 2A의 전류가 흐른다. 3V라면 3A가 된다.
 전기 에너지는 '전압×전류'의 값이다. 따라서 2V 꼬마전구의 밝기는 1V 꼬마전구의 2배가 아니라 2(전압)×2(전류)=4배가 된다. 3V 꼬마전구의 밝기는 3×3=9배가 된다.

이렇듯 전압이 커지면 전류도 커지기 때문에 10만V의 위력은 훨씬 커진다. 10만V의 전기 에너지는 1V의 10만 배가 아닌, 10만×10만=100억 배가 된다!

이렇게 어마어마한 양의 에너지로 공격당하면 어떻게 될까?

철 같은 금속은 전기가 잘 통하기 때문에 높은 전압을 가하면 엄청난 전류가 흘러 전기 에너지가 열 에너지로 바뀐다. 예를 들어 지름 10cm, 길이 1m인 쇠막대에 10만V의 전압을 가하면, 80억A에 상당하는 전류가 흘러, 고작 0.00000007초만에 녹아 버린다!

만약 사람한테 10만V의 전압이 흐르면?

생명체는 금속에 비해 전기가 잘 통하지 않는다지만, 그래도 200A의 전류가 흐르고 온몸의 수분이 0.5초만에 증발해 버린다. 헉, 무서워······!

피카츄가 쏘는 전격의 위력은 이렇게나 어마무시하다! 처음 보는 것에게 전격을 맞힌다거나, 세기 조절에 실패하지 않도록 피카츄가 조심해 주었으면 한다.

◉ 전기가 공중을 날아다니는 이유

피카츄의 '10만볼트'의 특징은 공중으로 전격을 날릴 수 있다는 것이다. 일반적으로 생각하면 일어날 수 없는 일이다. 전선을 연결하지 않으면 전기는 흐르지 않으니까.

세상에는 고무, 비닐, 유리, 나무, 암석, 도자기 등 전류가 흐르지 않는 물질들이 많다(플라스틱도 일반적으로는 전류가 흐르지 않지만, 일본의 시라카와 히데키 박사가 '전류가 흐르는 플라스틱'을 발명해서 2000년에 노벨 화학상을 수상했다). 그러나 이런 물질들도 전압을 높이다 보면 일정 한계를 넘는 순간, '펑' 하고 한 번에 전류가 흐른다.

공기에서도 이러한 현상이 일어난다. 공기에는 전기가 흐르지 않지만 일정 한계를 넘으면 불꽃처럼 전기가 튄다. '공중방전'이라 불리는 현상으로 대표적인 예가 번개다. 번개는 쎈비구름(적란운)과 땅 사이에서 일어나는 공중방전 현상이다.

공중방전은 전압이 높으면 높을수록 멀리까지 닿을 수 있다. 가장 낮은 쎈비구름의 높이는 고도 2,000~4,000m 정도인데, 땅까지 전기가 닿으려면 1억~2억V나 되는 전압이 필요하나. 번개의 경우, 전기가 1m 날아가는 데 5만V의 전압이 필요하므로, 10만V로는 2m 떨어진 상대를 공격할 수 있다는 계산이 나온다.

그렇지만 피카츄의 전기 공격은 훨씬 멀리까지 날아갈 것 같다. 피카츄도 전압을 높여 일정 한계를 넘어서는 순간 '펑' 하고

전기를 방출할 것 같은데, 거리가 멀어서 방전되지 않는다면 10만V보다 전압을 더 높일지도 모른다.

◉ 도망치는 수밖에 없어!

그렇다면 피카츄를 상대하는 포켓몬들은 어떻게 해야 할까?

'10만볼트'의 전기를 정통으로 맞으면, 그 어떤 포켓몬도 무사할 수 없을 것이다. 단 하나의 희망은 전기가 닿을 수 없게 멀리 도망가는 것뿐이다.

그러나 피카츄가 전기 공격이 닿을 정도로 가까이 쫓아온다면?

피카츄가 '레벨업으로 배우는 기술' 중 '고속이동'이 있다. 고속이동 기술을 습득한 피카츄는 호랑이가 날개를 단 격이라고 할 수 있다. 아니, 이제부터는 원래 강했던 사람이 놀라운 무기를 얻거나 기술까지 익힌 경우 '호랑이가 날개를 단 격'이 아니라 '피카츄가 고속이동을 배운 격'이라고 말해도 되겠다.

어마어마하게 귀엽지만 강력한 능력을 가진 포켓몬, 그것이 바로 피카츄다.

씨앗포켓몬 이상해꽃에게 생물을 배우자

등에 핀 꽃 향기로 포켓몬을 불러 모으는 이상해꽃의 놀라운 능력!

이상해꽃의 등에는 새빨갛고 커다란 꽃이 피어 있다. 이 꽃은 비가 내린 다음 날에는 향기가 진해져, 그 향기에 이끌려 포켓몬들이 모여든다고 한다. 다른 해설에도 '꽃의 향기는 사람의 마음을 치유한다' 오메가루비 알파사파이어 고 하니 향기가 오죽 좋겠는가? 흠, 어떤 냄새일까?

이상해꽃의 향기는 과학적으로 흥미로운 현상이다. 꽃이 크니까 좋

이상해꽃 씨앗포켓몬 타입 풀 독
● 키 2.0m
● 몸무게 100.0kg

▼ 블랙 2 · 화이트 2

비가 내린 다음 날은 등의 꽃향기가 강해진다. 향기에 이끌려 포켓몬이 모여든다.

은 향기가 나는 것은 당연하다고 생각할 수도 있지만, 생물이 풍기는 냄새에는 나름대로 이유가 있다. 이상해꽃이 왜 좋은 향기를 풍기는지 찬찬히 살펴보자.

◎ 향기는 왜 나는 걸까?

향기란 좋은 냄새를 뜻한다. 그러니까 '꽃향기', '과일 향기'라는 말은 있어도 '음식물 쓰레기 향기', '화장실 향기'라는 표현은 없다.

냄새는 공기나 물속을 떠다니는 물질이 생물의 냄새를 느끼는 기관을 자극함으로써 생기는 감각이다. 인간은 코, 곤충은 촉각으로 냄새를 느끼고, 좋은 냄새가 나면 가까이 다가가며 싫은 냄새로부터는 멀어진다. 물고기에게도 머리 부분에 냄새를 느끼는 기관이 있어서, 연어는 물 냄새를 맡고 태어난 강으로 찾아가 알을 낳는다. 냄새는 생물이 살아가는 데 큰 도움을 준다.

지금까지는 냄새를 맡는 것에 대한 이야기였고, 그렇다면 생물이 냄새를 풍길 때는 어떤 경우일까?

예를 들어 스컹크나 족제비는 항문 주위에서 지독한 냄새가 나는 액체를 내뿜어 공격하는 동물을 물리친다. 호랑나비 애벌레도 머리에 있는 Y자 모양의 오렌지색 뿔에서 고약한 냄새를 풍겨 새들을 쫓아낸다. 적이 가까이 오지 않도록 불쾌한 냄새를 풍기는 것이다.

이렇게 생각하면 다른 포켓몬들을 불러 모으는 이상해꽃의 향기는 참 신기하다. 곤충의 암컷은 좋은 냄새가 나는 물질을 퍼뜨려 수컷을 끌어들이지만, 이상해꽃의 향기를 맡고 모여드는 것은 수컷 이상해꽃이 아니라 다른 포켓몬들이니까.

⊙ 곤충이 없으면 곤란해!

이상해꽃과 함께 다른 꽃들의 향기도 살펴보자.

꽃 주위에는 곤충들이 모인다. 식물은 꽃잎, 꿀, 암술과 수술에서 곤충들이 좋아하는 향기를 풍기며 곤충을 부르기 때문이다. 그 목적은 단 하나, 곤충들이 꽃가루를 운반하게 하는 것이다.

식물은 수술의 꽃가루를 암술머리(윗부분)에 묻히는 '수분(가루받이)'으로 열매를 맺어 그 안에 씨를 만든다. 단, 콩과와 같은 일부 식물을 제외하고 같은 꽃이나 풀, 나무에서 난 꽃가루끼리는 수분해도 씨앗이 생기지 않는다. 같은 종류의 다른 식물에게서 꽃가루를 받아야 한다.

　삼나무나 옥수수처럼 눈에 띄지 않는 꽃을 피우는 식물들은 바람에 꽃가루를 날린다. 하지만 나팔꽃이나 수세미처럼 예쁜 꽃을 피우는 식물들은 곤충에게 꽃가루를 옮기게 하는 방법을 알고 있다. 곤충이 찾아오지 않으면 씨앗을 만들지 못해 자손을 남길 수가 없기 때문이다.

　그래서인지 식물들이 곤충들에게 제공하는 서비스가 대단하다! 영양 만점의 꿀과 꽃가루는 곤충들의 먹이가 된다. 아름다운 꽃잎도, 좋은 향기를 풍기는 것도, '여기에 꿀과 꽃가루가 있어요' 하고 곤충들에게 알리는 수단이다. 많은 사람이 꽃을 보고 위로받거나 꽃향기를 맡고 황홀해하지만, 곤충들을 위한 혜택을 덩달아 누리고 있을 뿐이다.

　곤충들은 꿀과 꽃가루를 찾아 온몸에 꽃가루를 묻힌 채 꽃밭을 바쁘게 날아다닌다. 식물은 꿀과 꽃가루를 제공하고 곤충들은 꽃가루를 이동시켜 준다. 자연계는 정말 잘 돌아가고 있다.

◉ 이상해꽃에게는 식충식물 같은 면도 있다

　그렇다면 이상해꽃이 좋은 향기를 풍기는 것도 포켓몬들에게

꽃가루를 묻히기 위해서일까?

가능성은 충분하다. 등에 핀 꽃은 새빨갛고 둥글고 커서 매우 눈에 띈다. 그리고 이상해꽃은 암컷과 수컷으로 나뉘는데, '수컷은 암술이 없고, 암컷은 수술이 없다'. 현실 세계의 꽃을 보면 나팔꽃처럼 하나의 꽃에 암술과 수술이 함께 있는 종류도 있지만,

수세미꽃처럼 암술만 있는 꽃과 수술만 있는 꽃으로 나뉘기도 한다. 이상해꽃도 그런 걸까?

　이상해꽃은 씨앗포켓몬이고, 기술은 '고민씨'와 '씨폭탄'이다. 단, 포켓몬은 알로 태어나니까 좋은 향기를 풍기는 이유는 수분을 통해 꽃씨를 만들기 위한 것이 아닐까?

　이상해꽃의 대단한 점은 이뿐만이 아니다. '달콤한향기'라는 기술로 상대의 기분을 좋게 만들어 싸울 마음을 없애거나, 많은 수의 포켓몬을 불러 모아 한 번에 배틀을 펼치는 것도 이상해꽃이라면 가능하다.

　현실 세계에서 이런 기술이 가능한 생물은 식충식물 정도 아닐까? 개미지옥이나 끈끈이주걱은 곤충이 좋아하는 냄새를 풍긴 뒤 잡아먹으니까.

　너무나도 듬직한 이상해꽃! 등에 핀 아름다운 꽃을 보면 나도 모르게 마음이 치유되지만, 꽤나 심오한 포켓몬이다.

껍질포켓몬 거북왕에게 물리를 배우자

거북왕의 수류는 철판도 뚫는다고? 도대체 얼마나 센 거야?

거북왕은 초공격형 포켓몬이다. 등껍질에 달려 있는 두 대의 로켓포에서 발사한 수류는 두꺼운 철판을 한 방에 뚫는다!

게다가 조준도 정확해서, '등껍질의 분사구로 하는 조준은 정확하다. 물 탄환으로 50m 떨어진 빈 캔을 명중시킬 수 있다' 오메가루비 고 한다. 아무리 작은 포켓몬이라도 음료수 캔보다는 크니까 목표물이 포켓

1.5M (마하)

거북왕 껍질포켓몬 　타입 물

▼ 블랙 2 · 화이트 2

● 키 1.6m
● 몸무게 85.5kg

등껍질의 로켓포로부터 뿜어내는 수류는
두꺼운 철판도 한 번에 꿰뚫는 파괴력이 있다.

몬일 경우 백발백중이라는 이야기다.

거북왕은 수류도 발사하고 물 탄환도 쏠 수 있다. 그리고 수류는 파괴력이 뛰어난 데다 탄환의 명중률은 100%다. 흠, 세 보이는걸? 실제로 거북왕이 얼마나 센지 과학적으로 검증해 보자.

◉ 무서운 수류의 위력

물은 상당히 힘이 세서 철판을 뚫는 것도 가능하다. 현실 세계에 있는 '워터젯'이라는 기계는 금속이나 암석 가루를 섞은 물을 쏴서 유리나 콘크리트, 철판은 물론이고 지구에서 가장 단단한 다이아몬드 잘라 낸다. 어떤 워터젯은 물을 지름 0.46mm의 노즐로 총알보다 빠른 1.5M(마하)의 속도로 분사해서 두께 2.5cm의 철판을 1분에 20m나 자른다고 한다.

이러한 정보를 토대로 거북왕의 수류에 대해 구체적으로 생각해 보자.

워터젯의 파괴력은 물의 속도에서 나온다. 거북왕의 로켓포는 물만으로도 철판을 뚫는다고 하니 실제로는 더 빠를 수도 있지만, 이 책에서는 현실 세계의 워터젯과 같은 1.5M의 속도로 물을 쏜다고 가정하자. 이러면 두께 10cm의 철판을 뚫는 데 시간이 얼마나 걸릴까……? 오, 계산하면 0.0043초. 정말 순식간이다!

게다가 거북왕의 로켓포는 엄청나게 크다. 포켓몬 도감에 나온 거북왕의 키와 비교해 보면 지름이 대충 10cm쯤 된다. 이 정도 크기면 파괴력이 엄청나진다. 철판을 뚫는 0.0043초 동안 쏘는 물의 양은 대략 17kg. 이 정도 물을 퍼부으면 지름 2.5m, 무게 22t의 바위도 산산조각 나 버린다! 1.5M로 쏘는 17kg의 물은 그 정도의 파괴력을 지녔다.

강철이나 다이아몬드처럼 단단한 몸을 가진 포켓몬도 있지만 거북왕의 수류 앞에서는 두부나 마찬가지다. 방패로 막아도, 바위 뒤에 숨어도 뻥 뚫리고, 다음 순간 자신의 몸마저 뚫리는……. 헉, 거북왕은 정말 세구나!

다만 지금까지의 설명이 진짜라면 거북왕도 위험하다. 그 이유는 '작용-반작용의 법칙'으로 설명 가능하다. 어떤 물체를 발사하면 그 반대 방향으로 힘을 받게 된다. 17kg의 물을 1.5M로 발사하면 그 반작용으로 몸무게 85.5kg인 거북왕은 시속 360km의

속도로 반대 방향으로 날아가 버린다! '등껍질에 분사구가 있어 로켓 같은 기세로 덤벼드는 굉장한 녀석' Y 이라는데, 글쎄, 그 정도로 괜찮을까?

거북왕에게 추천하고 싶은 방법은 등에 달린 두 대의 로켓포를 동시에 쓰는 것이다. 다행히 등껍질의 로켓포는 좌우로 달려 있어서 동시에 수류를 발사하면 각각의 반작용은 서로 사라질 것이다. 여기에 덧붙여 땅을 힘차게 꽉 밟으면 날아가지는 않겠지.

⊙ 1mm라도 어긋나면 맞지 않아!

계속해서 명중률 100%의 물 탄환으로 돌아가 보자.

50m 떨어진 빈 캔을 명중시킨다는 것은 얼마나 정확하다는 말일까?

지름 5cm, 높이 10cm의 빈 캔을 지름 10cm의 탄환으로 맞히는 경우를 생각해 보자.

$\frac{1}{10}$로 줄여서 생각하면 얼마나 어려운지 바로 알 수 있다. 5m 떨어진 곳에서 지름 5mm, 높이 1cm의 원기둥을 지름 1cm짜리 작은 유리구슬로 명중시킬 수 있을까? 똑같은 일을 거북왕이 해내는 것이다.

어느 정도의 정확도일까?

우선 좌우 정밀도를 생각해 보자. 물 탄환이 명중하려면 총알의 어느 한 부분이 캔의 어딘가에 맞아야 한다. 즉 총알의 중심이 음료수 캔의 중심에서 '캔의 반지름+총알의 반지름' 이내를 통과해야 한다. 그러면 허용되는 오차범위는 2.5cm+5cm=7.5cm다.

로켓포의 포문은 거북왕의 몸 중심에서 50cm 정도 떨어진 위치에 있다. 이는 빈 캔까지의 거리의 $\frac{1}{100}$이므로 로켓포의 방향이 좌우로 0.75mm만 어긋나도 명중할 수 없다!

게다가 위, 아래의 정확도도 필요하다. 물 탄환이 1.5M의 속도로 날아간다고 해도 50m를 날아가는 사이 지구의 중력 때문에 4.8cm 아래로 떨어진다. 그러면 캔의 가장 윗부분을 조준하여 쏴도 캔의 중간 부근에 맞게 된다. 그러니까 포문의 높이 역시 위로 0.98mm, 아래로 0.55mm만 어긋나도 꽝이다!

거북왕은 이 정도로 미묘한 조절을 하고 있다. 모든 것을 뚫어 버리는 강한 힘과 1mm 미만의 오차도 용납하지 않는 섬세함, 두 가지를 모두 겸비한 포켓몬 거북왕이 처음부터 많은 인기를 누린 것도 당연하다.

메가톤포켓몬 딱구리에게 화학을 배우자

딱구리의 동그란 몸은 바위처럼 딱딱하다! 무엇으로 만들어진 거지?

암석처럼 둥근 몸에 머리와 팔다리가 달린 딱구리의 몸은 딱 봐도 튼튼해 보여서 '다이너마이트로도 상처를 입힐 수 없다'는 해설도 정말 납득이 갈 수밖에 없다.

그러나 딱구리에 대한 해설 중에는 신경 쓰이는 내용도 있다. '큰 지진이 일어나면 산에 사는 딱구리 여러 마리가 산기슭까지 데굴데굴 굴러 내려오는 일이 있다' 오메가루비 , '산의

딱구리 메가톤포켓몬　타입 바위 땅
● 키 1.4m
● 몸무게 300.0kg

▼ 블랙 2 · 화이트 2

암석 같은 단단한 몸은 다이너마이트로도 상처를 입힐 수 없다. 1년에 1번 탈피한다.

경사면에 파놓은 홈은 굴러 내려오는 딱구리가 민가에 부딪히지 않게 하기 위한 코스로 되어 있다' 알파사파이어 같은 내용들인데, 지진이 나면 딱구리가 굴러 내려온다는 문제가 생기고, 사람들이 피해를 입지 않도록 홈을 파 놓아야 한다니! 꽤 성가신 포켓몬이군.

딱구리의 몸무게는 300kg이나 되기 때문에 굴러 떨어져 사람들이 사는 집에 부딪힌다면 분명 큰 피해가 생길 것이다. 그러나 딱구리의 몸을 과학적으로 분석해 보면 울퉁불퉁 딱딱한 이미지와 달리 흥미로운 사실을 발견해 낼 수 있다.

⦿ 금 1L의 무게는 어느 정도일까?

딱구리의 키 1.4m는 초등학교 4학년 학생 정도의 키다. 그러나 몸무게는 300kg이나 돼서 초등학교 4학년 어린이 9명 정도를 합친 무게다! 너무 무거운 것 아닐까?

딱구리의 체형은 우리 인간과는 크게 다르다. 이렇게 체형이 다르면 키 말고 다른 점들도 비교해야 한다.

이번엔 밀도에 주목해 보자. 이는 동일한 부피 당 얼마만큼의 질량인지를 잰 값으로, 부피와 질량을 알면 밀도도 알 수 있다.

물질의 밀도는 다양하다. 물 1L는 1kg이며, 생물의 몸을 구성하는 물질들의 밀도도 비슷하다. 기름은 물보다 가벼우며, 플라스틱은 종류에 따라 물보다 무거운 것도 가벼운 것도 있다.

밀도가 높은 것은 금속인데 자주 볼 수 있는 금속 중 가장 가벼운 알루미늄도 1L 당 2.7kg이나 된다. 철은 1L 당 7.9kg, 금은 19.3kg이다. 금이 1L 당 19.3kg라면, 1L의 우유 팩 크기가 초등학교 1학년 어린이의 몸무게인 셈이므로 상당히 무거운 편이다.

암석은 종류에 따라 다르지만 1L 당 2.5~3.5kg 정도다. 물보다 무겁고, 대부분의 금속보다는 가볍다.

대표적으로 가벼운 물질은 발포 스티로폼이다. 밀도가 1L 당 0.02kg, 즉 1L 우유 팩 크기면 20g 정도다.

나무는 종류에 따라 1L 당 0.1~1.3kg으로 폭이 넓다. 물보다 밀도가 높은 물체는 물에 가라앉고, 낮은 것은 뜨기 때문에 나무의 경우 대부분이 물에 뜨지만, 가라앉는 것도 있다는 이야기다.

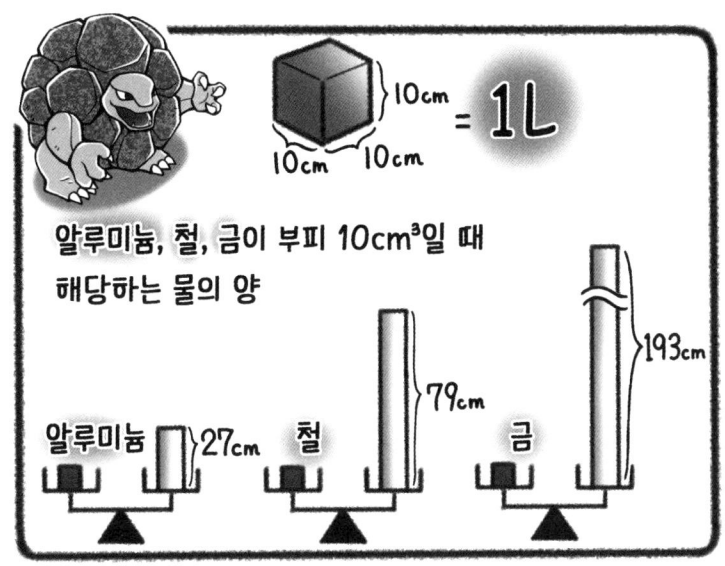

◉ 놀라운 딱구리의 밀도

그렇다면 딱구리의 몸의 밀도는 어느 정도일까?

몸무게가 300kg이라는 것을 알고 있으니 밀도를 구하려면 몸의 부피를 알면 된다.

도감에 있는 그림을 기준으로 계산하면 딱구리의 둥근 몸의 지름은 키보다 약간 짧은 1.2m 정도다. 운동회에서 공굴리기에 사용하는 커다란 공만 한 크기니까, 산에서 굴러 떨어지는 것도 당연하겠지. 이런 체형의 포켓몬이 산 위에서 산다는 사실이 더 신기하다.

그건 그렇다 치고 지름이 1.2m라면 부피는 905L다. 이를 통해 밀도를 계산하면, 300kg ÷ 905L = 1L 당 0.33kg이 된다.

이렇게 가벼울 수가!

아까 '너무 무거운 것 아닐까?' 걱정했는데, 밀도를 생각하면 절대 그렇지 않다. 물의 밀도가 1L당 1kg인데 딱구리의 몸은 그 $\frac{1}{3}$밖에 안 된다. 그렇다면 딱구리는 물에 둥둥 뜰까?

딱구리의 몸이 무엇으로 이루어져 있는지 점점 알쏭달쏭해진다. 1L 당 0.33g이라면 오동나무보다 살짝 무거운 정도다. 이렇게 가벼운데 다이너마이트에도 끄떡없다니 정말 놀랍다!

가볍고 단단한 물질을 만드는 것은 인류의 오랜 꿈이었고, 지금도 최첨단 과학 기술의 목표다. 비행기를 금속으로 만들 수 있었던 것은 가볍고 튼튼한 듀랄루민이 개발되었기 때문이다. 듀랄루민의 주성분은 알루미늄이므로, 밀도도 알루미늄에 가까운 1L 당 2.7kg로 철의 $\frac{1}{3}$ 수준이다. 이렇게 가볍기 때문에 하늘을 날 수 있는 것이다. 철로 만든 비행기는 절대로 날 수 없다.

딱구리의 몸의 밀도는 듀랄루민의 $\frac{1}{8}$이다. 그럼에도 다이너마이트 폭발을 견뎌 낼 정도로 강하다니 경이롭다. 딱구리의 몸을 자세히 연구하면 더 훌륭한 발명품이 나올지도 모른다. 지금보다 더 빠른 교통기관, 더 높은 건물, 우주 왕복이 가능한 엘리베이터, 해저 도시…….

딱구리의 둥근 몸은 우리의 꿈을 계속 펼치게 한다.

드래곤포켓몬 망나뇽에게 지구과학을 배우자

16시간이면 지구 한 바퀴! 망나뇽의 비행 능력은 정말 대단해!

사람은 겉보기와 다르다고 하는데, 포켓몬 역시 겉모습만으로는 판단할 수 없다. 그 사실을 절실히 실감하게끔 하는 포켓몬이 망나뇽이다. 동글동글 귀여운 눈동자를 가진 이 드래곤포켓몬은 정말 귀엽다. 난파 직전인 배를 발견하면 육지까지 유도할 만큼 상냥하기까지 하다.

그러나 그런 겉모습이나 성격과는 달리 비행 능력은 놀라울 정도

망나뇽 드래곤포켓몬 타입 드래곤 비행
▼ 오메가루비 · 알파사파이어
● 키 2.2m
● 몸무게 210.0kg

16시간 만에 지구를 한 바퀴 돌 수 있다.
폭풍으로 난파 직전인 배를 발견하면 육지까지
유도하는 상냥한 포켓몬이다.

다. 16시간 만에 지구를 한 바퀴 돌다니!

망나뇽의 비행 능력이 얼마나 대단한지, 한번 파헤쳐 보자.

◉ 그 어떤 비행기보다도 대단하다!

지구의 지름은 12,800km이고, 지구의 둘레는 40,000km다.

인간이 걷는 속도는 시속 4km 정도라서, 산 넘고 바다 건너 밤낮으로 쉬지 않고 걷는다고 해도 지구를 한 바퀴 돌려면 10,000시간 = 417일이 걸린다. 최고속도가 시속 320km인 고속 열차라도 5일 5시간 30분이 걸린다. 그런데 망나뇽은 이 멀고 먼 거리를 단 16시간에 날아갈 수 있다니!?

도대체 얼마나 빠른 걸까?

40,000km ÷ 16시간 = 시속 2,500km, 정말 빠르다!

제트 여객기가 시속 900km 정도니까 그 세 배에 가까운 엄청난 스피드다.

속도를 표시하는 단위 'M(마하)'는 소리가 전달되는 속도를 표시한 것으로, 1M=시속 1,224km다. 망나뇽이 하늘을 나는 속도인 시속 2,500km는 2M다. 소리보다 두 배나 빠르다니, 정말 대단하다! 망나뇽이 날면서 한 번 울고 10초 뒤 공중에 멈추어 기다리면 10초가 더 지난 뒤에야 자기의 울음소리를 들을 수 있다는 뜻이니까.

물론 현실 세계의 비행기 중에는 망나뇽보다 빠른 것도 있다. 2.5M로 나는 제트 전투기도 많고, 적의 상황을 살피는 정찰기 중 3M의 빠르기로 날아다니는 기종도 있다.

그러나 이들 비행기는 그 속도 그대로 지구를 한 바퀴 돌 수는 없다. 비행기가 연료를 가득 채웠을 때 비행할 수 있는 최대 거리를 '항속거리'라고 하는데, 제트 전투기의 항속거리는 길어 봤자 4,000km 정도다. 서울에서 하와이까지가 7,000km 정도니까, 그보다 훨씬 짧다. 시속 900km로 비행하는 여객기는 전투기보다 항속거리가 길지만 그래 봤자 20,000km를 넘는 정도다. 지구 한 바퀴인 40,000km를 비행하려면 도중에 다른 공항에 내려 연료를 보충해야 한다.

이에 비해 망나뇽은 16시간이면 지구를 한 바퀴 돌 수 있으니 '2M 속도의 초고속 비행+항속거리가 40,000km' 이상인 것이다. 대단해! 현실 세계엔 이렇게 빠르고 오래 나는 비행기가 없다.

☉ 추워졌다, 더워졌다……

16시간 지구 한 바퀴 여행이란 어떤 느낌일까?

적도에서 출발해 북쪽으로 날아간다고 가정해 보자. 적도에서 북극까지는 지구 한 바퀴의 $\frac{1}{4}$이므로 망나뇽은 4시간이면 북극에 도착한다.

당연히 북극은 춥다. 지구의 가장 북쪽에 위치한 북극점의 기온은 여름이 0℃, 겨울이 −31℃다! 적도의 기온은 1년 내내 30℃ 정도이므로 망나뇽은 고작 4시간 만에, 여름일 경우 약 30℃나 추운 곳에, 겨울일 경우 약 60℃나 추운 곳에 도착하게 된다.

그리고 4시간 뒤에는 다시 적도에 도착한다. 다시 엄청나게 더워지니 이건 좀 힘들지도. 온도차가 크면 체력 소모가 크기 때문에 지구 일주를 하려면 그나마 여름철을 추천한다.

그대로 4시간을 계속 날아 이번에는 남극에 도착한다. 지구의 가장 남쪽에 있는 남극점의 평균 기온은 여름이 −27℃, 겨울이 −59℃이다. 남극은 여름에도 무려 북극보다 30℃ 가까이 기온이 낮다! 이 점을 생각해도 역시 망나뇽은 여름에 지구 일주를 해야 할 것이다……. 그런데 앗, 잠깐?

북반구와 남반구는 계절이 반대다. 북극이 여름일 때 남극은 겨울이니까, 북반구가 여름일 때의 지구 일주는 '적도 30℃ → 북극 0℃ → 적도 30℃ → 남극 -59℃ → 적도 30℃' 코스이며, 적도와 남극의 온도는 거의 90℃나 차이가 난다!

이렇게 4시간마다 극단적으로 추워졌다 더워졌다 하면 사람의 몸은 절대 견딜 수 없다. 16시간 만에 지구 일주가 가능한 망나뇽은 몸이 엄청 튼튼한 것이리라.

◉ 난파선을 발견해 내는 놀라운 시력

망나뇽의 또 하나 대단한 능력은 '폭풍으로 난파 직전인 배를 발견한다'는 것이다. 즉 폭풍 속에서도 날아다닐 수 있다는 뜻이므로, 현실 세계의 비행기는 절대 따라할 수 없는 재주다.

게다가 폭풍 속에서 배를 발견할 수 있다니, 도대체 망나뇽의 시력은 얼마나 좋은 걸까? 폭풍은 구름 아래에서 발생하고 구름의 높이는 지상 10km 정도이므로, 망나뇽이 지상 5km 높이를 날고 있다고 가정해 보자. 시속 2,500km의 속력으로 날면서 100m 길이의 난파선을 발견할 수 있다면……?

이 능력이 얼마나 대단한지 실감하려면 모든 것을 $\frac{1}{1000}$로 축소하면 된다. 즉 '시속 2.5km로 걸어가면서 5m 떨어진 10cm의 물체를 발견한다'는 것이다. 게다가 조난당했다는 사실을 안다면 배에 탄 승무원이 우왕좌왕하는 모습까지 보인다는 이야기겠지.

인간의 $\frac{1}{1000}$ 크기의 생물, 예를 들어 개미의 모습이 보이려면 5m의 거리에서 0.1mm 크기의 사물을 구분할 수 있을 정도로 시력이 좋아야 한다. 그렇다면 망나뇽은 시력이 15.0이라는 이야기잖아!

생각하면 생각할수록 망나뇽은 모든 능력이 대단하다. 귀엽게 생긴 데다가 멋지기까지 한 포켓몬이다.

경계포켓몬 보르그에게 생물을 배우자

볼주머니 속
씨앗을 날리는 보르그,
씨앗의 정체는 무엇일까?

보르그는 두 다리로 설 수 있는 경계포켓몬이다.

'체내의 발광물질로 눈이나 몸을 빛나게 하여 습격해 온 상대를 풀이 죽게 만든다' X 는 설명이 있는데, 읽고 보니 왠지 이상한 박력이 느껴진다. 경계하고 있는데도 위압감을 내뿜고 있다.

보르그의 공격 방법은 독특하다. 뺨의 볼주머니에 모아 둔 씨앗을 적

54 상상초월 포켓몬 과학 연구소

보르그 경계포켓몬   타입 노말
● 키 1.1m
● 몸무게 27.0kg

▼ Y

뺨의 주머니에 모아 둔 나무열매의 씨앗을
날려서 공격한다. 적을 발견하면 꼬리를 세운다.

을 향해 날린다.

  보통은 식사 중에 적에게 습격당해도 음식물로 반격하지는 않으니까, 꽤 특이한 공격법이다. 씨앗을 뱉어 날리는 공격이 가능하다는 것은 그 씨앗이 상당히 묵직하고 단단한 데다 발사 속도도 빠르다는 거겠지.

  하지만 보르그에게 물어보고 싶다. 볼주머니에 들어 있는 씨앗은 원래 식량으로 모아 둔 것 아니었을까? 공격하는 데 써 버리면 나중에 곤란해지지 않을까?

  보르그에게도 나름대로의 사정이 있을 테니 결론을 서두르지 말고, 일단 보르그와 씨앗의 관계에 대해 생각해 보자.

◎ 식물들의 작전

  볼이 크게 부풀어 있는 것처럼 보이는 볼주머니는 식량을 입 안에 저장해 두기 위한 기관이다. 현실 세계에는 다람쥐, 쥐, 햄스터 등의 설치류나 일본원숭이, 비비 등 일부 원숭이류 등에게만 있다. 보르그의 볼주머니도 원래 쓰임새는 나무 열매의 씨앗을 식량으로 저장하기 위한 것 아닐까?

보르그가 씨앗을 날려 보내는 힘이 아무리 강하다고 해도, 씨앗이 가볍고 부드럽다면 무기로 쓸 수 없을 것이다. 적어도 도토리 정도의 무게일 것 같은데, 이 나무 열매의 씨앗은 어떻게 무기로 쓰이게 된 걸까?

현실 세계를 예로 들어 보자. 민들레 씨앗은 갓털이 붙어 있어 바람을 타고 멀리까지 날아간다. 단풍나무나 참마의 씨앗도 글라이더처럼 바람을 타고 멀리까지 날아간다. 이런 식물들은 바람에 씨앗을 날려 보내서 자손이 번식하는 장소를 넓히려는 것이다.

봉숭아꽃처럼 스스로의 힘으로 씨를 날리는 식물도 있다. 여문 열매가 톡 터지는 힘으로 씨를 멀리 날려 보낸다. 또 도꼬마리나 갈고리풀의 열매에는 가시나 갈고리가 달려 있어 동물의 털이나 사람의 옷에 씨앗을 붙여 멀리까지 갈 수 있다. 질경이나 둑새풀의 씨앗은 매우 작아서 진흙과 섞여 동물들의 발바닥에 붙어 멀리까지 이동한다.

동물들에게 자신의 열매를 먹게 하는 식물도 있다. 열매를 먹은 동물들은 먼 곳에서 똥을 싸는데 씨앗은 소화되지 않기 때문에 그 장소에 남아 싹을 틔운다. 동물이 먹게끔 하기 위해 열매에는 많은 양분이 있다.

으음, 다들 만만하지 않군. 식물들은 자손을 널리 남기려고 여러 가지 궁리를 하고 있다는 이야기다. 그렇다면 보르그가 씨앗을 날리는 이유도 씨앗의 시점에서 생각해 보는 편이 더 이해하기 쉬울지도 모른다.

◎ 보르그와 씨앗의 관계는?

그중에서 주목해야 할 씨앗은 도토리다. '도토리'라는 이름의 식물이 있는 것은 아니고 떡갈나무, 갈참나무, 졸참나무, 상수리나무 등의 열매를 '도토리'라고 부른다. 이 나무들은 2년 또는 몇 년에 한 번 영양 가득한 열매를 맺는다. 볼주머니가 있는 다람쥐나 쥐 들은 영양 만점인 도토리를 좋아한다.

도토리는 모자 같은 깍정이가 덮인 갈색 껍질 안에 얇은 속껍질로 싸인 흰 알맹이가 들어 있다. 이 얇은 속껍질과 흰 알맹이 부분이 씨앗이다. 즉, 도토리는 열매가 아니라 씨앗에 영양분이 가득하다.

신기하지 않은가? 열매에 영양분을 모으는 식물은 열매를 먹히더라도 씨는 소화되지 않아서 먼 곳에서도 싹을 틔울 수 있다.

그러나 도토리처럼 씨앗에 영양을 모아 두면, 중요한 씨앗 자체를 먹히는 것 아닐까?

사실 이것이 도토리의 전략이다. 다람쥐나 쥐 들은 땅에 떨어진 도토리를 모으지만 양이 너무 많아 금방 다 먹지 못한다. 그래서 땅에 구멍을 파서 감춰 놓고는 그 사실을 잊어버린다. 하하하,

다람쥐나 쥐 들도 우리랑 똑같이 기억력이 안 좋은가 보군.

비웃을 때가 아니다. 떡갈나무나 졸참나무 입장에서는 다람쥐들이 일부러 땅에 씨앗을 심어 주는 셈이다. 덕분에 싹이 트기 쉬워진다. 몇 년마다 한 번씩 많은 도토리 열매가 열리는 것도 묻히는 도토리 수를 늘리기 위해서라고 생각된다.

어쩌면 보르그의 씨앗도 도토리와 같은 작전이 아닐까?

영양분이 있는 씨앗이라면 보르그는 그것을 많이 모아 볼주머니에 저장해 둘 것이다. 물론 먹어 버리는 것도 많겠지만 포켓몬 배틀이 시작되면 보르그는 씨앗을 날려 공격한다. 그 결과 멀리까지 날아가거나 상대방의 몸에 달라붙거나 걸리거나 해서 다른 장소에서 싹을 틔우는 씨앗도 있지 않을까?

즉, 이 씨앗은 보르그의 볼주머니에 들어가 포켓몬 배틀에 사용됨으로써 자손을 늘리는 식물이 아닐까 상상해 본다. 생물들이 서로 도우며 살아가는 것은 현실 세계나 포켓몬 세계나 마찬가지일 데니까.

보석포켓몬 디안시에게 화학을 배우자

손바닥으로 다이아몬드를 만들어 내는 디안시, 어떻게 만드는 걸까?

아름다운 요정 같은 디안시는 양 손의 틈으로 수많은 다이아몬드를 만들어 낸다. 게다가 그 원료가 공기 속의 탄소라니!

과학적으로 매우 흥미로운 포켓몬이다. 다이아몬드는 순수한 탄소로 이루어져 있으며 탄소는 공기 중의 이산화탄소에 포함되어 있다. 즉 이산화탄소를 가공해 다이아몬드로 바꿀 수 있는 것이다.

디안시 보석포켓몬
타입 바위 페어리
- 키 0.7m
- 몸무게 8.8kg

▼ 알파사파이어

양손의 틈으로 공기 중의 탄소를 압축하여 많은 다이아를 한순간에 만들어 낸다.

 이산화탄소는 지구온난화의 원인이기도 하다. 디안시가 공기 중의 이산화탄소로 다이아몬드를 만들면 지구온난화를 막을 수 있는 데다가 다이아몬드라는 보석도 손에 넣을 수 있다. 후훗!

 아직 다이아몬드를 얻기 전이니 방심은 금물이다. 마음을 차분하게 가다듬고 어떻게 하면 공기 중의 탄소로 다이아몬드를 만들 수 있는지 생각해 보자.

◎ 차이는 탄소의 배열법!

 다이아몬드는 순수한 탄소의 결정체로 투명하고 반짝반짝 빛나는 보석이다. 탄소는 연필심의 주성분이기도 하다. 새까만 연필심과 다이아몬드가 똑같은 탄소로 이루어져 있다니, 쉽게 믿기지 않는 이야기다.

 연필심의 원료는 '흑연'이라는 물질이다. 흑연도 순수한 탄소의 결정체이지만, 육각형으로 배열된 널빤지 모양의 탄소들이 층

층이 쌓여 있고 결합이 촘촘하지 않아 층 사이에 틈이 있다. 그렇기 때문에 손톱으로 사각사각 긁어낼 수가 있다.

이에 비해 다이아몬드는 탄소 원자가 입체적으로 연결되어 있다. 각 탄소 원자가 네 개의 다른 탄소 원자와 정사면체 형태로 결합한 구조의 반복이다. 어느 탄소라도 다른 네 개의 탄소와 촘촘하게 결합되어 있기 때문에 다이아몬드는 지구상에서 가장 단단한 보석이다.

즉 다이아몬드와 흑연의 차이는 탄소 원자의 배열 방식에 있다. 디안시도 이산화탄소에서 탄소를 추출해서 배열법을 바꿈으

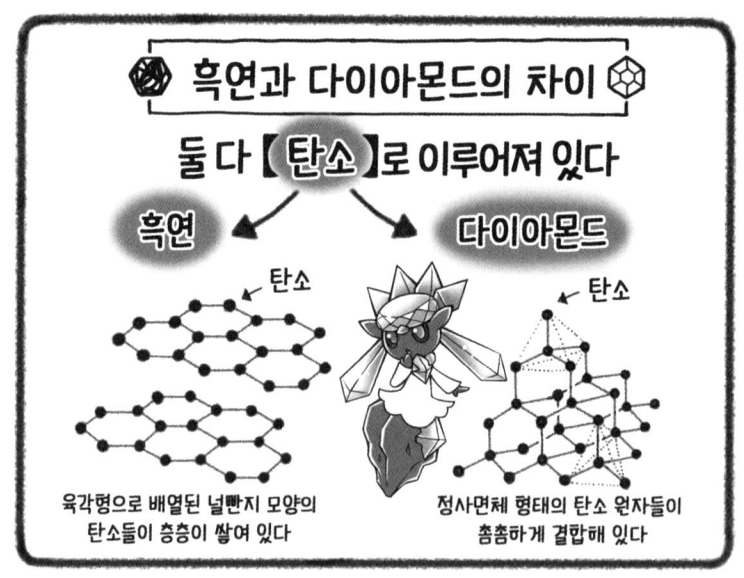

로써 다이아몬드를 만들어 내는 것 아닐까?

◎ 겉모습과 달리 강력한 힘을 가진 디안시

그렇지만 이게 과연 실제로 가능할까?

먼저 이산화탄소에서 탄소를 추출해야 한다. 현실 세계에서는 이산화탄소가 가득 찬 공간에서 마그네슘이라는 물질을 태우면 새까만 탄소 가루, 즉 흑연이 남는다. 디안시가 마그네슘과 같은 현실 세계의 물질을 사용하는지는 확실치 않지만, 어쨌든 이산화탄소에서 흑연을 추출하는 것은 가능하다.

계속해서 흑연을 다이아몬드로 바꿔야 한다. 디안시는 탄소를 압축해서 다이아몬드를 만든다고 하는데 이 또한 매우 과학적인 이야기다.

현실 세계에서도 흑연을 높은 온도에서 압축해 인공 다이아몬드를 만든다. 디안시도 작은 손으로 같은 작업을 하는 거겠지.

그렇다면 어느 정도의 온도와 압축하는 힘이 있어야 흑연이 다이아몬드로 변할까?

온도는 무려 1,800℃, 압축하는 힘은 $1cm^2$ 당 50t이다!

흠, 겉모습은 아름답지만, 과학적으로 살펴보면 디안시는 엄청나게 뜨거운 손과 괴력의 소유자일 것 같다.

◉ 솟구치는 다이아몬드

디안시가 다이아몬드를 만드는 현장을 상상해 보자.

포켓몬 도감에는 '양손의 틈으로', '많은 다이아를 한순간에 만들어 낸다'고 쓰여 있다. 디안시의 작은 손바닥 주위의 공기에는 다이아몬드를 만들 만한 양의 탄소가 절대 없을 텐데, 주위에서 어떻게 공기를 모을까?

그렇다면 양손을 맞대고 아래에서 공기를 끌어오는 방법을 권한다. 아래에 있는 공기에서 탄소를 추출해 다이아몬드를 만들어 위쪽으로 방출한다. 이렇게 하면 다이아몬드가 바람의 힘으로 분수처럼 솟구쳐 태양의 빛을 반짝반짝 반사시켜 무척 아름다운 광경이 펼쳐질 게 틀림없다.

그 경우 공기를 어느 정도 속도로 모으면 될까?

디안시가 지름 1cm의 다이아몬드를 1초에 열 개 만든다고 가정하자. 지름 1cm의 다이아몬드는 한 개에 0.74g이니까 필요한 탄소는 7.4g이고, 이만큼의 탄소를 포함하는 공기의 양이면……. 37,000L다!

이만큼의 공기를 고작 1초 만에 손바닥 사이의 좁은 틈으로 통과시키려면 바람의 세기는 어마어마할 것이다. 공기가 통과하는 부분의 지름이 10cm일 때 바람의 빠르기는, '초속 4,700m=

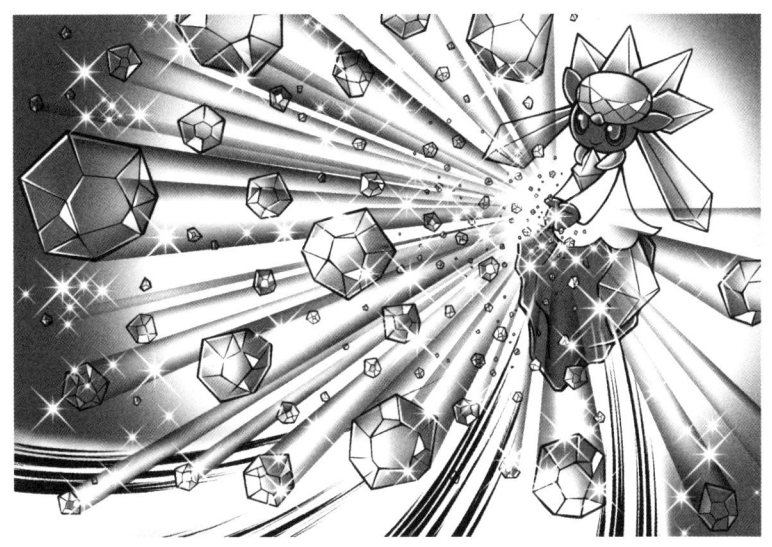

14M(마하)'다! 이미 분수 수준이 아니다. 다이아몬드는 기관총 발사보다도 빨리 '두두두두두두!' 날아가는 강력한 무기가 된다.

쓸데없이 감탄할 때가 아니다. 다이아몬드 탄환을 쏘다니 너무 비싼 공격이잖아? 디안시가 만드는 지름 1cm의 다이아몬드를 한 개에 1억 원이라고 치면, 1초에 10억 원! 3분이면 1,800억 원! 한 시간 동안 계속 만들면 3조 6천억 원이다!!!

음, 대단한데…….

디안시는 외모만 아름다울 뿐 아니라 부자이기까지 한 포켓몬이다.

포용포켓몬 가디안에게 지구과학을 배우자

가디안이 만들어 내는 블랙홀, 그런 걸 만들어도 괜찮을까?

포켓몬 도감에 따르면 가디안은 트레이너를 매우 아끼는 포켓몬이다.

'미래를 예지하는 힘을 가진다. 트레이너를 지킬 때 최대 파워를 발휘한다' Y , '트레이너를 지키기 위해서라면 사이코 파워를 모두 써서 작은 블랙홀을 만들어 낸다.' 블랙2 화이트2

우와, 멋진데. 트레이너를 지키

가디안 포용포켓몬　타입 에스퍼 페어리
● 키 1.6m
● 몸무게 48.4kg

▼ 블랙 2 · 화이트 2

트레이너를 지키기 위해서라면 사이코 파워를 모두 써서 작은 블랙홀을 만들어 낸다.

기 위해 블랙홀까지 만들어 낸다니…….

그런데 이렇게 감동만 해도 될까?

'블랙홀'이란 커다란 별이 다 타 버려 폭발한 뒤 생기는 천체로, 주위의 것들을 모조리 빨아들여 버린다. '트레이너를 지키기 위해서'라지만, 그런 것을 만들어도 괜찮을까?

지구상에서 블랙홀을 만들 경우 어떻게 될지 생각해 보자.

◉ 블랙홀이란 무엇일까?

블랙홀.

태양의 30배 이상 무거운 별이 수명을 다하면 맞이하는 최후다.

별의 질량이 태양의 여덟 배 이상일 경우 그 질량의 비율보다 강한 빛을 내뿜기 때문에 겨우 수천만 년이 지나면 다 타 버린다. 태양의 수명으로 추정되는 100억 년에 비하면 너무 짧다. 수명이 다한 별은 크게 부풀어 올라 폭발하고, 중심부에는 작고 무거운 별

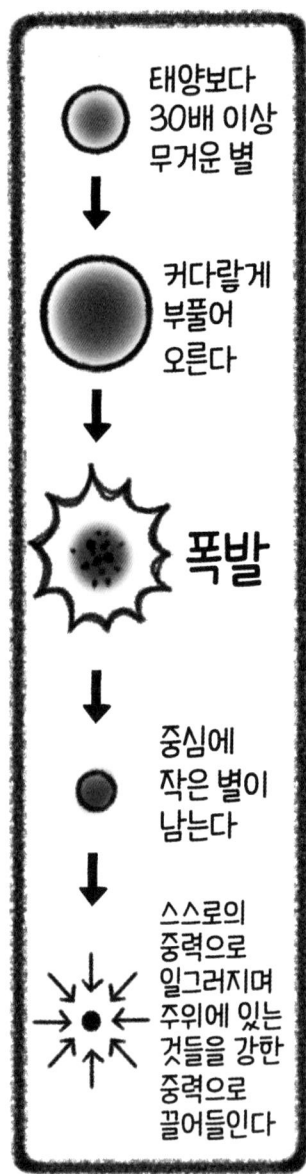

이 남는다. 그중 질량이 태양의 30배가 넘는 별은 중심부에 남은 작은 별이 스스로의 중력으로 일그러지며 블랙홀로 변해 주위에 있는 것들을 강한 중력으로 끌어당긴다.

블랙홀에 빨려 들어가면 두 번 다시 빠져나올 수 없다. 빛조차도 블랙홀을 피해 갈 수 없기 때문에 블랙홀은 눈으로 볼 수도 없는 무서운 별이다.

가디안은 작은 블랙홀을 만든다는데, 크기가 작다고는 해도 지구상에서 그런 것을 만들면 큰일이다.

지름 10cm의 블랙홀을 만든다고 가정하자. 이 정도 크기 블랙홀의 질량은 34,000,000,000,000,000,000,000t이다!

비교를 위해 지구의 질량을 공개하자면 6,000,000,000,000,000,000,000,000t이다. 지름 10cm면 고작 소프트

볼만 한 크기인데 지구의 5.6배나 무겁다니!

○ 산산조각 나는 지구

이렇게 무거운 블랙홀을 지구상에 만들면 어떻게 될까?

당연히 주위의 모든 것들이 가디안의 블랙홀을 향해 몰려든다. 블랙홀에서 100km 떨어진 것들조차 지구의 23,000배의 중력에 끌려 0.74초 만에 빨려 들어간다!

'블랙홀 가까이에 있으면 위험할지도 몰라' 하고 걱정되겠지만 그런 걱정을 할 틈도 없이 '슈욱' 빨려 들어간다. 블랙홀에서 10m 떨어진 위치에 있다면 0.00000077초 만에 블랙홀 속으로!

그리고 지구 자체도 위험해진다. 가디안이 지상 1m 높이에 블랙

포용포켓몬 가디안에게 지구과학을 배우자

홀을 만들 경우 지구에서 블랙홀에 가까운 방향은 중력의 230조 배의 힘으로 끌어당겨지며, 지구의 지름은 12,800km이므로 지구 반대편은 중력의 1.4배의 힘으로만 움직인다.

'그럼 반대쪽으로 도망치면 되잖아?'라는 생각은 경솔한 판단이다. 지구는 블랙홀에 가까운 쪽부터 산산조각이 나며 빨려 들어갈 것이다. 반대편마저도 점점 강한 힘으로 끌어당겨지다가 마지막에는 모든 것이 블랙홀의 일부가 되어 버린다. 으악, 무서워.

◉ 앗, 트레이너가 위험해!

오싹한 이야기를 하긴 했지만, 가디안은 지구를 파괴하기 위해 블랙홀을 만드는 게 아니다. 트레이너를 지키기 위해서다. 그런데 블랙홀을 만들었다가 트레이너도 지구와 함께 빨려 들어가면 어떡하지……?

블랙홀을 만들어 트레이너를 구하는 방법을 과학적으로 생각하면 한 가지 아이디어밖에 없다. 가디안이 블랙홀을 만들자마자 곧바로 소멸시키는 것.

예를 들어 트레이너에게 위협을 가하는 상대가 10m 앞에 있다고 치자. 가디안은 적의 등 뒤 1m 위치에 블랙홀을 만든다. 그러년 석은 0.000000027초 만에 빨려 들어간다. 블랙홀에서 11m 떨어진 트레이너가 빨려 들어가기 전에 블랙홀을 곧바로 소멸시키면 된다. 완벽하군!

그런데 잠깐!

고작 0.000000027초라고는 해도 트레이너 역시 블랙홀에 끌려 들어갈 것이 분명하다. 적이 빨려 들어갈 때까지 이동한 거리를 계산해 보면 트레이너는 블랙홀에 22cm 가까이 간다. 그때의 이동 속도는 놀랍게도 8,600M(마하)다! 순식간에 블랙홀을 소멸시킨다고 해도 트레이너는 바로 멈추지 못하고 8,600M라는 엄청난 속도로 날아가 버리겠지.

앗~! 목숨보다 소중한 트레이너가!

물론 가디안이 그런 바보 같은 실수를 저지를 리 없다. 분명 가디안은 이 책에서 생각하지 못한 똑똑한 블랙홀 사용법을 알고 있을 거야.

전류포켓몬 에레키드에게 물리를 배우자

팔을 돌려
전기를 만들어 내는 에레키드,
왜 전기를 모을 수 없지?

이 책에 소개된 포켓몬 가운데 매우 응원하고 싶은 포켓몬이 있다.

바로 팔을 빙글빙글 돌려 전기를 만드는 에레키드다. 그러나 에레키드는 금속에 닿으면 몸에 쌓인 전기가 방전되어 버린다고 한다. 해설에 따르면 '양팔을 빙글빙글 휘둘러서 전기를 발생시킨다. 그러나 만들어 낸 전기는 모아 둘 수 없다' ⓧ고.

거참, 큰일이잖아. 기껏 전기를 만

에레키드 전류포켓몬　타입 전기

▼ 오메가루비·알파사파이어

• 키 0.6m
• 몸무게 23.5kg

금속을 만져서 몸에 모은 전기가 방전돼 버리면 양손을 빙글빙글 돌려서 다시 전기를 모은다.

들어도 곧 방전되거나 몸 안에 전기를 모아 둘 수 없어서, 평소에 쉬지 않고 빙글빙글빙글빙글 팔을 돌려야 한다니. 전기를 만드는 데 바빠서 배틀에 좀처럼 집중할 수 없지 않을까……?

그런 에레키드를 위해 전기의 성질에 대해 알아보도록 하자.

⊙ 전기를 만드는 방법

팔을 빙글빙글 돌리는 것은 과학적으로 타당한 전기 만드는 법이다. 뭔가를 회전시켜 전기를 만드는 장치는 현실 세계에도 존재하기 때문이다.

전기를 만드는 방법은 크게 두 가지인데, 하나는 발진소 등에서 사용되는 발전기다. 자석 가까이에서 코일(구리철사)을 움직이면 전기가 흐르는 성질을 이용한 것이다.

발전기는 구리철사에 달린 회전축 주위를 자석이 감싸고 있다. 회전축을 돌리면 앞에서 설명한 원리 때문에 전류가 흐른다. 수

력발전은 물의 힘으로, 풍력발전은 바람의 힘으로, 화력발전은 석유나 석탄을 태워 물을 가열해서 발생한 수증기의 힘으로 회전축을 돌린다.

전기를 만드는 또 하나의 방법은 물체를 서로 마찰시킬 경우 '정전기'가 발생하는 원리를 이용하는 것이다. 스웨터를 벗을 때 '파직' 하고 정전기가 일어날 때가 있는데, 입은 옷들의 마찰이 원인이다. 이같은 원리로 전기를 일으키는 장치도 있다.

대표적인 것이 '밴 더 그래프 발전기(Van de Graaff Generator)'인데, 벨트를 마찰시켜 정전기를 만드는 장치다. 공상과학연구소에도 이 장치가 있다. 딱히 필요한 것도 아닌데 정전기를 모으는 기계라는 점에 마음을 빼앗겼다.

만약 에레키드의 몸에 밴 더 그래프 발전기와 비슷한 장치가 있다면 팔을 회전시켜 전기를 만들 수 있을 것이다.

⊙ 어째서 방전되는 걸까?

문제는 전기를 만드는 게 아니고 모으는 방법이다. 이걸 잘 못해서 에레키드가 고생하는 것 아닐까?

현실 세계에는 전기를 모으는 법도 두 가지 있다. ① 플러스(+)극과 마이너스(-)극 양쪽 전기를 동시에 모으는 방법, ② 플러스나 마이너스 한쪽의 전기만 모으는 방법이다.

①의 예로는 충전식 배터리와 콘덴서가 있다. 장치에 플러스극과 마이너스극이 있어 양쪽에 같은 금속을 대지 않으면 방전되지 않는다. 그래서 많은 전자기기에 사용된다.

플러스나 마이너스 전기 한쪽만 모으는 ②의 경우가 밴 더 그래프 발전기인데, 금속을 가까이 가져가기만 해도 '펑' 소리와 함께 불꽃을 내며 방전한다.

그렇다면 금속을 만지기만 해도 방전되어 버리는 에레키드는 플러스나 마이너스 한쪽의 정전기만을 모으고 있는 건지도 모른다.

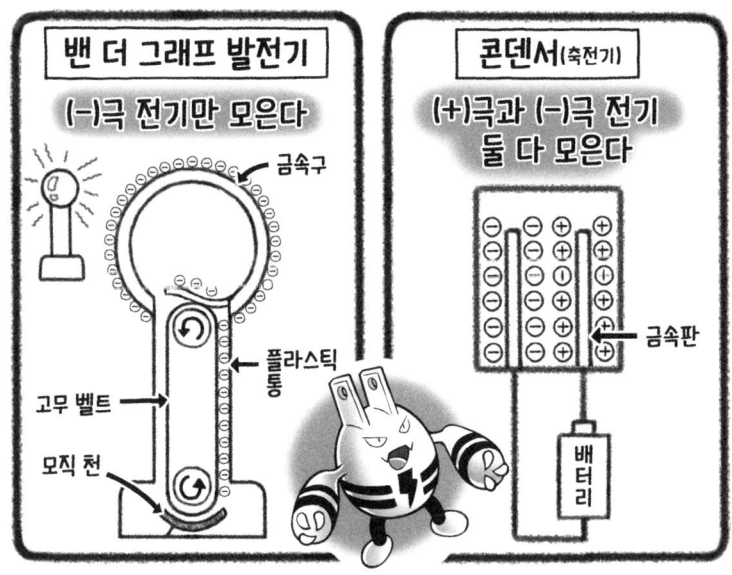

그렇게 되면 큰일이다. 온 힘을 다해 팔을 빙글빙글 회전시켜 전기를 만들어도 가까이에 철 막대가 하나라도 떨어지면 '펑' 하고 방전! 필사적으로 다시 팔을 빙글빙글 돌려 전기를 힘들게 모아도 강철포켓몬이 가까이 다가가면 '펑' 하고 방전되고 만다!

으음, 에레키드의 고생도 과학적으로 납득이 가는걸.

⊙ 생각보다 대단한 정전기의 힘

그러나 방전은 틀림없이 공격에도 유용할 것이다. 금속으로 인해 방전되어 버리면 그저 전기 낭비일 뿐이지만, 그 방전이 상대를 향할 경우에는 심각한 부상을 입힐 수 있다.

그 위력은 어느 정도일까? 에레키드가 플러스나 마이너스 한 쪽의 전기만 모은다면 그 원리는 밴 더 그래프 발전기와 같으니 정전기가 모일 것이다.

정전기를 무시하면 큰 코 다친다. 겨울에 손가락과 문손잡이 사이에 '빠직' 하는 정전기의 전압은 무려 10,000V다! 그래도 사람이 죽지 않는 것은 몸에 쌓인 정전기의 양이 적기 때문이다. 거꾸로 말하면 정전기는 적은 양으로도 엄청난 전압을 일으킨다.

공상과학연구소의 밴 더 그래프 발전기가 만들어 내는 전압은 16만V! 조작을 잘못해서 손에 방전된 적이 있는데 터질 것 같은 통증과 함께 눈앞이 캄캄해져서 죽는 줄 알았다.

정전기는 충분한 공격이 될 수 있다. 에레키드가 좀 더 많은 전기를 모을 수 있다면 전압은 더 높아져서 무시무시한 위력을 발휘할 것이 분명하다.

즉, 과학적으로 생각해 보면 금방 방전되어 버리는 에레키드는 정전기를 만들 가능성이 높아서 강력한 공격이 가능할지도 모른다. 전기가 쌓이지 않는다는 약점이 오히려 무기가 될 수 있다니. 화이팅, 에레키드!

전설포켓몬 윈디에게 생물을 배우자

하루 만에 10,000km를 달려가는 윈디. 너무 빠르면 다치지 않을까?

근사한 갈기와 꼬리를 지닌 윈디. 멋진 모습으로 10,000km를 하루 만에 달린다니 과연 전설포켓몬이다.

하루는 24시간, 지구 한 바퀴는 40,000km다. 하루 만에 10,000km를 달린다니 4일이면 지구를 한 바퀴 돈다는 계산이 나온다.

단순히 속도로만 비교하면 16시간 동안 지구를 한 바퀴 도는 망나뇽이 빠르다. 그러나 망나뇽이 하늘을

윈디 전설포켓몬 타입 불꽃
▼ 블랙 2 · 화이트 2
• 키 1.9m
• 몸무게 155.0kg

하루 만에 10,000km의 거리를 달리는 모습은 많은 사람을 매료시켜 왔다.

나는 데 비해 윈디는 네 다리로 땅 위를 달린다.

놀라운 능력이 아닐 수 없다. 이런 속도로 달리면 어떻게 될지 궁금하다.

◎ 매료됐다는 사람들도 놀라워

24시간 만에 10,000km를 달린다는 것은, 10,000km÷24시간 = 시속 417km라는 계산이 나온다. 최고속도가 시속 320km인 고속 열차보다 훨씬 빠르다!

경이로운 속도다. 실제로 존재하는 동물 중 가장 빠른 치타조차 시속 113km다. 윈디는 치타보다 3.7배나 빠르다!

그리고 치타가 한 번에 달릴 수 있는 거리는 최대 500m다. 빨리 달리면 단시간에 많은 에너지를 사용하기 때문에 오래 달릴 수 없다. 이에 비해 윈디는 10,000km나 달릴 수 있다. 치타의 20,000배나 되는 지구력이다. 스피드로 칭찬받는 윈디지만, 지구

력도 칭찬해 줘야 한다.

빨리, 오래 달릴 수 있으니 그 모습에 많은 사람들이 매료되는 것도 당연하다고?

시속 417km란 1초 동안 116m를 달리는 속도다. 보는 사람 입장에서는 116m 앞에 윈디가 보인다고 생각한 다음 1초 뒤면 옆을 지나쳐 달려간다.

또한 10m 떨어진 장소를 윈디가 오른쪽에서 왼쪽으로 지나쳐 간다고 해 보자. 인간이 정면을 향할 때 시야에 들어오는 '시야각'은 좌·우 평균 120° 정도인데 윈디가 그 시야를 가로지르는 시간은 고작 0.3초다. 아마도 '어? 지금 뭔가 지나갔나?'라고 느낄 뿐, 정확한 모습까지는 인식할 수 없지 않을까? 그러니까 '윈디의 달리는 모습에 매료된다'는 사실 자체가 대단하다. 움직이는 사물을 눈으로 쫓는 '동체 시력'이 뛰어난 사람에게만 허용된 특권일 뿐이다.

◉ 어떻게 달리지?

윈디는 어떻게 달릴까?

실제로 존재하는 치타를 근거로 구체적으로 상상을 발전시켜 보자.

치타는 뒷발로 땅을 찬 뒤에 앞발로 착지하는데, 보폭이 8m나 된다. 큰 개체의 경우 머리에서 꼬리까지의 길이가 150cm 정도니까 몸길이의 5.3배를 뛰는 것이다. 빨리 달리는 동물은 놀랄 만큼 보폭이 크다.

그렇다면 키 1.9m인 윈디의 보폭은 10m 정도가 아닐까? 이렇게 1초에 116m를 달리려면 1초에 열한 걸음을 '두다다다다' 달려야 한다. 치타의 1초에 네 걸음에 비하면 훨씬 분주하게 움직여야 한다.

우리들의 윈디가 이렇게 번잡스럽게 달리지는 않겠지. 제발 치타처럼 1초에 네 걸음 정도의 페이스로 침착하고 여유롭게 달렸으면 한다.

'1초에 116m를 간다'고 했으니까 만약 윈디가 정확히 1초에 네 걸음을 달린다면 한 걸음에 29m나 나아가는 셈이다. 1km를 달리는 데 고작 35걸음이라니! 얼마나 시원시원한 질주인가.

◉ 윈디도 힘든 건 마찬가지

하지만 조금 걱정이 되기도 한다.

시속 417km는 매우 빠른 속도다. 하늘과는 달리 방해물이 많은 땅 위를 이 정도 빠른 속도로 달려도 괜찮을까? 집, 도로, 산이나 숲도 있는데.

윈디의 눈에는 모든 것이 시속 417km로 다가온다. 예를 들어 앞쪽에 나무가 있어도 '앗, 위험하다, 피해야 해' 하고 생각할 여유가 없다. 116m 앞에 있는 나무와 1초 뒤 부딪히기 때문이다. 달리는 동안은 마음을 놓을 수가 없다!

시속 417km면 갑자기 멈추기도 힘들다. 만화나 애니메이션에는 달리던 사람이 발에 힘을 주고 '끼이익!' 멈추는 장면이 나오지만, 윈디는 멈추려고 해도 완전히 멈추기까지 1.4km나 미끄러져 버린다. 혹시 앞쪽에 낭떠러지라도 있다면 큰일이다…….

게다가 달리고 있는 동안 앞쪽에서 초속 116m의 바람이 계속 분다. 일본에서 1966년에 기록된 가장 빠른 바람의 속도는 초속 85.3m를 웃도는 엄청난 바람이다. 윈디의 얼굴에는 풀잎이나 모래 먼지나 빗방울이 초속 116m로 덮치는 것이다. 평범한 동물이라면 도저히 눈을 뜰 수조차 없겠지.

달릴 때 필요한 에너지 문제도 신경 쓰인다. 몸무게 155kg의 윈디가 시속 417km로 24시간 달리면 37만Kcal를 소모한다. 윈디가 현실 세계의 동물처럼 에너지를 체내 지방에 축적한다면 하룻밤 뛰는 데 41kg이나 살이 빠진다는 계산이…….

땅 위를 빨리 달린다는 것이 이만큼이나 어려운데, 수많은 어려움에도 불구하고 바람처럼 달리는 윈디. 많은 사람들이 매료되는 것도 납득할 수 있다.

개미핥기포켓몬 앤티골과 철개미포켓몬 아이앤트에게 생물을 배우자

포켓몬 세계의 먹이사슬!? 앤티골과 아이앤트의 배틀을 상상해 보자!

개미핥기포켓몬 앤티골은 철개미포켓몬 아이앤트를 습격한다는데!?

오, 현실 세계의 '먹이사슬' 관계와 많이 비슷하다. 먹이사슬이란 생물이 '먹고-먹히는' 관계를 연결한 것으로, 먹는 쪽을 '포식자', 먹히는 쪽을 '피식자'라고 부른다. 이 경우는 앤티골이 포식자, 아이앤트가 피식자인 관계

인가……?

현실 세계의 먹이사슬에서는 초식동물이 식물을 먹고, 육식동물이 초식동물을 먹는다. 동물은 살아가는 데 필요한 영양분을 스스로 만들어 낼 수 없으므로 식물을 먹는다. 그 결과 식물이 태양 에너지로 만들어 낸 영양분이 생물계 전체를 순환한다.

만약 앤티골이 아이앤트를 습격한다면 포켓몬 세계에서도 먹이사슬 관계가 성립되어 있을 가능성이 있다. 그렇다면 누가 누구를 습격할까? 설마 이 포켓몬이 저 포켓몬을…….

위험한 망상에 빠져 있을 때가 아니다. 포식자 앤티골과 피식자 아이앤트가 어떻게 싸우는지 살펴보자. 생물계의 다양한 모습을 발견할 수 있다.

● 앤티골 VS. 아이앤트

앤티골이 아이앤트를 습격하는 방법은 확실하다. 불꽃의 혀로 아이앤트의 강철 몸을 녹여서 알맹이를 먹는 것이다.

현실 세계의 개미핥기도 긴 혀를 개미집 안으로 찔러넣어 개미나 흰개미를 한 번에 싹 핥아내서 먹는다. 그리고 날카로운 갈고리 발톱이 돋아난 앞다리로 개미집을 파괴한다. 앤티골의 발에 길고 굵은 발톱이 세 개나 달려 있어 아이앤트의 둥지를 파괴할

앤티골 개미핥기포켓몬　타입 불꽃
• 키 1.4m
• 몸무게 58.0kg

▼ X
뜨겁게 타오르는 불꽃의 혀로 아이앤트의 강철 몸을 녹여서 알맹이를 먹어 치운다.

수도 있다.

　아이앤트에 대한 포켓몬 도감의 해설에는 '강철의 갑옷을 몸에 걸친다' Y 고 되어 있으니 그 몸의 표면은 강철로 이루어졌다고 생각된다. 그에 비해 앤티골은 '뜨겁게 타오르는 불꽃의 혀로 아이앤트의 강철 몸을 녹여서' X 라고 되어 있으므로 불꽃 혀의 온도는 강철을 녹이는 1,535℃ 이상일 것이다. 정말 무서운 혀다.

　아이앤트가 앤티골에게 반격할 수 있는 무기가 있다면 입에 달린 가위처럼 생긴 송곳니일 것이다. 실제로 존재하는 개미의 경우 그 송곳니는 '큰턱'이라고 불린다. 이 책에서도 아이앤트의 송곳니를 큰턱이라고 부르기로 한다.

　개미의 큰턱은 힘이 아주 세서 자기 몸무게의 다섯 배 정도의 먹이도 들어올려 운반한다. 만약 아이앤트의 큰턱에도 같은 능력이 있다면 무려 165kg을 운반할 수 있다. 천적 앤티골의 몸무게는 58kg이므로, 계산해 보면 아이앤트 한 마리가 앤티골 두 마리

아이앤트 철개미포켓몬　타입 벌레 강철
● 키 0.3m
● 몸무게 33.0kg

▼ 블랙 2 · 화이트 2

천적인 앤티골에 대해서 모두와 역할 분담을 하면서 반격해 둥지에서 쫓아낸다.

를 쉽게 들어올릴 수 있다.

그렇다고 해서 아이앤트가 앤티골에게 이길 수 있을까? 앤티골의 불꽃은 분명 1,535℃를 넘을 테니 아이앤트의 큰턱도 녹여 버릴 것이다. 아마 1 대 1로는 아이앤트에게 승산이 없다.

◎ 아이앤트의 반격

앤티골의 무시무시함은 아이앤트도 충분히 알고 있을 것이다. 그러므로 아이앤트는 모두와 역할 분담을 하면서 반격한다.

현실 세계에서도 꿀벌들은 천적인 말벌에 맞서기 위해 무리를 이루어 대항한다. 몸길이 4cm의 큰 말벌은 꿀벌보다 세 배나 커서 1 대 1로 싸우면 이길 수 없다. 그러나 말벌이 벌집으로 접근하면 꿀벌은 차례차례 날아올라 대열을 짜서 말벌을 에워싼다. 이로 인해 양쪽의 체온이 상승해, 꿀벌보다 고온에 약한 말벌은 몇 분만에 죽어 버린다.

또, 군대개미는 개미집을 만들지 않고 100만 마리가 무리지어 숲속을 행진한다. 그리고 곤충이나 도마뱀, 혹은 작은 포유류를 마주치면 다같이 덤벼들어 큰턱으로 물어뜯은 다음 먹어 버린다. 소나 말조차도 물어뜯겨 죽는 경우가 있다고 한다.

피식자 입장이거나 몸집이 작은 생물이라도 무리지어 싸우면 어마어마한 힘을 발휘할 수 있다. 그렇다면 아이앤트의 집단 전투란 어떤 것일까?

어디까지나 이 책에서만의 상상이지만, 한 가지 예를 들어 보자.

앤티골이 아이앤트의 둥지를 습격한다! 그에 맞서서 문지기 아이앤트들이 앤티골의 앞에 엉덩이를 내민다! 당연히 앤티골은 신나서 불꽃 혀로 녹이려 들겠지.

엉덩이가 타 들어가는 아이앤트! 위기일발의 순간이라고 걱정되겠지만 의외로 괜찮지 않을까? 가스레인지의 불꽃 온도는 1,700~1,900℃다. 그래도 무쇠냄비나 프라이팬이 녹지 않는 까닭은 불이 닿지 않는 부분에서 열이 점점 빠져나가기 때문이다. 만약 가스레인지의 불꽃이 프라이팬을 확실히 감싸듯 컸다면 프라이팬도 녹아 버릴 것이다. 그러나 가스레인지의 불이 닿는 면적이 좁기 때문에 프라이팬은 녹지 않는다.

앤티골의 불꽃도 아이앤트의 온몸을 감쌀 정도는 아니다. 아마

도 앤티골의 불꽃이 아이앤트의 몸을 일부라도 녹이려면 시간이 꽤 필요할 것이다. 몇 초 동안 문지기 이이엔드의 잉덩이가 앤티골의 공격을 받고 있는 사이, 아이앤트 특공대가 앤티골의 등 뒤로 몰래 다가가 큰턱으로 깨물어 내동댕이친다!

이러면 아이앤트는 앤티골을 충분히 격퇴할 수 있을 것이다. 힘내라, 아이앤트!

⊙ 가엾은 앤티골

일방적으로 아이앤트를 응원하는 내용을 썼지만, 현실 세계에서는 포식자와 피식자의 관계가 역전되면 먹이사슬이 성립하지 않는다. 게임 속에도 앤티골 한 마리와 아이앤트 몇 마리가 동시에 등장하는 걸 자주 보니, 실제로도 앤티골이 아이앤트를 습격하는 경우가 무척 많은 거겠지.

그러나 앤티골 입장에서는 그다지 낙관적인 상황이 아니다. 실제로 존재하는 개미의 몸무게는 0.001~0.005g이다. 그리고 큰개미핥기의 몸무게는 18~29kg이다. 개미핥기는 개미보다 평균적으로 1,000만 배 이상 무거우므로 개미는 개미핥기에게 절대 반격할 수 없다.

한편, 앤티골의 몸무게 58kg은 아이앤트의 몸무게 33kg의 1.8배밖에 되지 않는다. 양쪽의 몸무게 차이가 너무나도 근소하다! 게다가 이미 말했듯이 아이앤트의 큰턱은 상당한 힘을 발휘할 것이다. 하물며 이 책에서 마음대로 상상한 엉덩이 태우기 전술로 힘을 합쳐 맞서 싸우기라도 하는 날에는…….

현실 세계에서 사자는 강력한 포식자이지만 의외로 사냥 성공률은 낮아서 20~30% 정도라고 한다. 새끼 사자가 굶어 죽는 경우도 많다고 하는데, 어쩌면 앤티골도 비슷한 상황 아닐까? 오늘도 아이앤트 사냥에 실패하고 터덜터덜 집으로 돌아가는 앤티골. 배고픈 자식들의 차가운 시선을 견뎌야 할 앤티골. 가엾은 앤티골…….

그러나 앤티골이 백전백패하면 그건 나름대로 곤란하다. 애초에 피식자인 아이앤트의 숫자가 많은 것은 번식력이 뛰어나기 때문 아닐까? 앤티골이 계속 패배한다면 순식간에 아이앤트의 수가 늘어나 다른 포켓몬들의 개체 수에도 영향을 미칠지 모른다. 현실 세계에서도 먹이사슬이 깨지면 생태계 전체의 균형이 깨지는 경우가 종종 있다.

앤티골은 포켓몬 세계의 균형을 지키기 위해서라도 지금까지처럼 계속 아이앤트에게 싸움을 걸었으면 좋겠다. 아이앤트의 집단 전투를 쉽게 이길 수 없겠지만, 험한 꼴을 당할 확률도 꽤 높겠지만, 절대로 포기하면 안 돼!

빙설포켓몬 바닐리치에게 물리를 배우자

공기를 얼려 상대의 몸을 얼려 버리는 바닐리치, 공기는 얼마나 필요할까?

바닐리치는 언뜻 보면 소프트 아이스크림을 닮은 포켓몬이다. 먹음직스럽게 생긴 데다 표정도 다정해서 보고만 있어도 행복해진다.

하지만 '주변 공기를 차갑게 해서 얼음 알갱이를 발생시켜서 상대의 몸을 얼려 버린다'는 무서운 능력의 소유자다. 공기를 차갑게 해서 얼음을 만든다니, 공기

바닐리치 빙설포켓몬 타입 얼음
▼ 블랙 2·화이트 2
● 키 1.1m
● 몸무게 41.0kg

주변 공기를 차갑게 해서 얼음 알갱이를 발생시켜서 상대의 몸을 얼려 버린다.

중의 수증기를 얼리는 거겠지. 눈, 우박과 같은 구조다. 이 방법은 매우 효과적인 공격법이다. 생물의 몸에는 수분이 포함되어 있기 때문에 그것을 얼리면 상대는 움직일 수 없게 되는 것이다.

과학적으로 충분히 납득되는 바닐리치의 능력. 그런데 상대의 몸을 꽁꽁 얼리려면 얼마나 많은 얼음이 필요할까? 그러려면 얼마나 많은 공기를 차갑게 해야 할까?

⊙ 바닐리치는 참 힘들겠다

바닐리치가 차갑게 만들어야 하는 공기의 양을 알려면 '상대의 몸을 꽁꽁 얼리기 위해 얼마만큼의 얼음이 필요한가'가 먼저다. 이 책에서는 몸무게 100kg, 체온 36℃, 인간과 마찬가지로 몸의 60%가 수분으로 이루어진 포켓몬이 있다고 가정하고, 그 몸을 얼리는 경우를 생각해 보자. 이 경우 얼려야 하는 물의 양은 100kg의 60%인 60kg이다.

물을 얼리려면 차갑게 만들어야 하고, 차갑게 만든다는 것은 상대로부터 열을 빼앗는 것이다. 온도 36℃, 질량 60kg인 물을 얼리려면 어느 정도의 열을 빼앗아야 할까?

열의 단위는 'cal(칼로리)'다. 36℃의 물을 얼리려면 물 1g 당 116cal의 열을 빼앗아야 한다. 물을 얼리는 데 필요한 얼음의 양은 -10℃의 얼음은 23g, -20℃의 얼음은 12g, -30℃의 얼음은 8g이다. 얼음의 온도가 낮으면 양이 적어도 되지만 온도가 낮은 얼음을 만드는 것도 어렵기 때문에 이 책에서는 바닐리치가 -20℃의 얼음을 만든다고 가정해 보자.

그러면 36℃에서 1g의 물을 얼리는 데 12g의 얼음이 필요하게 된다. 얼음으로 물을 얼리는 것은 비효율적이다. 상대 포켓몬의 몸에 포함된 물이 60kg이라고 가정했으니 필요한 얼음은 720kg! 바닐리치가 생각보다 힘들겠는걸.

◉ 열대에서 싸울 때 더 강하다고?

720kg의 얼음을 만들려면 공기를 얼마나 차갑게 해야 할까?

공기에 포함된 수증기의 양은 기온과 습도가 높을수록 늘어난다. 같은 양의 얼음을 만들려면 기온이 낮을수록 많은 공기를 차갑게 만들어야 한다. 바닐리치가 사는 곳은 엄청나게 추운, 눈 덮인 산속이다! 엄청나게 많은 공기를 차갑게 만들어야 할 텐데 괜찮을까?

설산의 기온을 0℃, 습도를 50%라고 가정해 보자. 이 공기로 720kg의 얼음을 만들기 위해 차갑게 만들어야 할 공기의 부피는 30만m³다. 농구 코트가 두 개 있는 체육관의 부피가 대략 10,000m³이므로 그만한 체육관 30개 분량이라는 것이다. 이런, 너무 큰데?

이에 비해 똑같이 습도 50%라도 기온이 30℃라면 차갑게 만들어야 할 공기가 47,000m³로 줄어든다. 체육관 다섯 개가 채 되지 않는다.

기온 0℃의 설산보다 기온 30℃의 정글에서 싸우면, 바닐리치는 같은 양의 공기로 여섯 배나 많은 얼음을 만들 수 있다. 빙설포켓몬인 바닐리치는 열대 지방에서 싸우면 어마어마하게 강력할지도!

☻ 오히려 지금이 살기 편할 수도 있다

포켓몬 도감에 따르면 바닐리치는 '설산에 서식하는 포켓몬이다. 먼 옛날 빙하기 때 남쪽 땅으로 이동해 왔다' Y 고 한다. 옛날에는 설산보다도 추운 곳에 살았던 것이 분명하다. 그 시절 바닐리치는 어떻게 살았을까?

 빙하기란 다른 시대보다 기온이 낮은 시기로, 지구는 지금까지 몇 번이나 빙하기를 맞았다. 현실 세계에서 가장 최근의 빙하기는 200만 년 전에 시작되어 10,000년 전에 끝났다.

 소프트 아이스크림처럼 생긴 바닐리치가 10,000년 전에도 존재한 셈이다. 현실 세계에서 소프트 아이스크림을 콘 위에 얹어 주기 시작한 때는 1904년 세인트루이스 만국박람회라고 하는데, 그보다 오래된 포켓몬이라니. 정말 포켓몬은 겉보기와는 다르다.

소프트 아이스크림의 역사는 제쳐 두자. 지금 중요한 것은 빙하기의 기온이다. '빙하기' 하면 무시무시하게 추웠을 것 같지만, 평균기온이 현재보다 7~8℃ 낮았을 뿐이다. 이는 한국으로 치면 서울과 제주도의 기온 차 정도다. 바닐리치가 이주해 올 때 설산의 기온이 −5~ −10℃ 정도였을 것이라고 생각하면 되겠지.

720kg의 얼음을 만들기 위해 바닐리치가 얼려야 하는 공기 양은 −5℃일 때 체육관 44개, −10℃일 때는 67개다! 바닐리치는 오히려 옛날이 더 고생스러웠다는 이야기다. 어쩌면 '빙하기 때 남쪽 설산으로 온 덕분에 적은 양의 공기로도 얼음을 만들 수 있게 되다니, 운이 너무 좋아!' 하고 매일매일을 기쁘게 보내고 있을지도 모른다.

불씨포켓몬 마그비에게 화학을 배우자

피곤하면 검은 연기를 토해 내는 마그비, 왜 그럴까?

전투 중에는 체력을 다 썼다거나 무기가 떨어졌다는 사실을 적에게 들키면 안 된다. 불리한 상황이라는 것을 들키면, 적들은 '지금이 기회'라고 맹공격을 하기 때문이다.

그 점에서 마그비의 몸은 난처한 구조로 이루어져 있다.

건강할 때는 노란 불꽃을 내뿜지만 피곤하면 불꽃에 검은 연기

마그비 불씨포켓몬　　타입
- 키 0.7m
- 몸무게 21.4kg

▼ 오메가루비 · 알파사파이어

노란색 불꽃이 입에서 뿜어져 나오는 것은 건강하다는 증거이지만 지쳐 있을 때는 검은 연기가 섞이게 된다.

가 섞인다고 한다. 이래서야 상대방이 피곤하다는 걸 다 알잖아!

마그비를 위해서라도 과학적으로 한번 검토해 보자. 마그비는 어째서 피곤해지면 입에서 연기를 토해 낼까?

◎ 몸속에서 불을 태워도 괜찮은 걸까?

마그비는 건강할 때는 입에서 노란색 불꽃을 뿜는다. 이는 몸 안에서 불을 태운다는 증거인데, 왜 그러는 걸까?

'태운다'는 것은 과학 용어로 '연소'라고 하며, 물질이 산소와 반응하여 열과 빛을 내는 현상을 말한다. 나무, 종이, 기름 등 동물이나 식물의 몸에서 만들어진 것에는 반드시 탄소와 수소가 포함되어 있다. 산소와 결합하면, 탄소는 이산화탄소가 되고 수소는 물이 된다. 어떤 반응이든 열이 발생하고 열은 빛으로 바뀌므로, 나무나 종이가 타면 열과 빛과 함께 이산화탄소와 물이 발생한다.

우리 인간의 몸에서도 사실 이와 같은 현상이 일어나고 있다. 음식에도 탄소와 수소가 포함되어 있으므로 폐에 들어온 산소와 반응하면 이산화탄소와 물이 발생하고 열이 난다. 이것이 '호흡'이다. 인간은 호흡으로 얻은 열 에너지를 다른 에너지로 바꿔 살아간다.

연소와 호흡의 차이는 온도에 있다. 연소는 짧은 시간에 세게 진행되므로 불꽃이 솟고 온도가 높아진다. 호흡은 천천히 진행되므로 인간의 체온 정도로만 온도가 올라간다.

그렇다면 마그비가 몸 안에서 불을 태우는 것은 에너지를 얻기 위해서 아닐까? 인간이 호흡하는 것처럼 마그비는 불을 태우는 것 아닐까?

포켓몬 도감에 따르면 '작은 몸이지만 체온은 600℃다. 숨을 들이쉬고 내쉴 때마다 입과 코에서 불꽃이 샌다' 블랙2 화이트2 고 한다. 몸이 600℃라는 고온을 견딜 수 있다면 시간을 들여 호흡하기보다 연소시키는 것이 짧은 시간에 많은 에너지를 얻을 수 있다. 마그비가 입에서 순조롭게 노란 불꽃을 뿜을 때는 많은 에너지를 만든다는 뜻이다. 그 귀여운 모습과 어울리지 않게 사실은 강력한 포켓몬일 수도 있다!

◉ 검은 연기의 정체는?

그렇다면 왜 지치면 노란색 불꽃에 검은 연기가 섞이는 것일까?

나무, 종이, 양초의 불꽃도 노란색인데, 이는 불꽃 안에 탄소 알갱이가 돌아다니기 때문이다. 탄소 알갱이는 열을 받아 온도가 올라가면 노랗게 빛난다. 마그비의 노란 불꽃에도 탄소 알갱이가 들어 있을 가능성이 크다.

양초의 불꽃에 탄소 알갱이가 들어 있다는 것은 불꽃에 나무젓가락을 넣었다 빼면 새까맣게 변하는 현상으로 알 수 있다. 고기를 구워 먹을 때 고기가 불에 닿으면 까맣게 된다. 나무젓가락이나 고기가 타서가 아니라 불꽃 속의 탄소 알갱이가 달라붙었기 때문이다.

탄소 알갱이도 주위에 산소가 충분히 있으면 마지막에 타서 이산화탄소가 된다. 그러나 산소가 부족하면 타지 않고 그대로 남는다. 이것이 '그을음'이고, 이런 현상을 '불완전연소'라고 부른다. 그을음은 인간의 눈에는 검은 연기로 보이니까, 사실 마그비가 토해 내는 검은 연기의 정체도 그을음 아닐까?

그렇다면 마그비가 검은 연기를 토할 때는 몸 안에서 불완전연소가 일어나고 있을 가능성이 크다. 이건 정말로 위기 상황이다. 마그비가 피곤해서 숨을 들이마시는 힘이 약해져, 산소가 부족해

서 불완전연소가 일어나 그을음을 토하는 것이기 때문이다. 그렇다면 연소가 진행되지 않아 호흡을 통해 얻을 수 있는 에너지도 적어져, 점점 지쳐 버린다. 이 얼마나 악순환인가!

불꽃에 검은 연기가 섞이기 시작하면 마그비는 심호흡을 해서 산소를 많이 얻어야 한다. 사람도 피곤할 때 심호흡을 하면 머리가 밝아지는데, 틀림없이 효과가 비슷할 것이다.

⊙ 지치면 역전 승리!

불완전연소에는 주의해야 할 점이 한 가지 더 있다.

탄소는 산소가 많으면 탄소 한 개에 산소 두 개가 결합한 이산화탄소가 된다. 그러나 산소가 적으면 탄소 한 개에 산소 한 개가 결합한 일산화탄소가 된다. 일산화탄소는 생물에게 아주 위험한 맹독이다. 겨울에 불을 피워 난방을 할 때 때때로 창문을 열어 환기해야 하는 이유는 불완전연소로 일산화탄소가 발생하는 것을 막기 위해서다. 마그비가 검은 연기를 토하기 시작하면 일산화탄소가 발생할 가능성이 크다!

마그비의 건강 상태가 걱정되지만, 만약 마그비가 일산화탄소에 강하다면 이 점은 오히려 배틀에서 강력한 무기가 될 것이다. 다른 포켓몬이 '마그비가 검은 연기를 토하기 시작했어. 지쳤다는 뜻이니까 공격하려면 지금이 기회야!' 하고 신나서 덤벼들었다가 반대로 일산화탄소를 마시고 쓰러질 수도 있다.

지치면 검은 연기를 토하는, 언뜻 보기에 불리한 마그비의 습성은 역전을 위한 함정일지도 모른다. 평온한 듯 **보여도 방심할 수 없는** 포켓몬이 바로 마그비 아닐까?

망아지포켓몬 케르디오에게 물리를 배우자

수면을 달릴 수 있는 케르디오, 발차기는 얼마나 강할까?

망아지포켓몬 케르디오.

망아지는 '어린 말'이라는 뜻이다. 확실히 케르디오는 현실 세계의 말과 아주 비슷하게 생겼다. 네 개의 발은 발굽으로 되어 있고, 색색의 갈기를 나부끼며 온 세계를 누빈다고 한다.

하지만 현실 세계의 말과 다른 점은 물 위를 달린다는 사실이다! 발굽으로 물 위에 서면 보통

케르디오 망아지포켓몬 타입 물 격투
● 키 1.4m
● 몸무게 48.5kg

▼ 오메가루비

바다나 강 등의 수면을 달려 세계 곳곳을 뛰어 다닌다. 아름다운 물가에 나타난다.

물속으로 푹 잠길 텐데 놀랍다. 도대체 어떻게 가능한 걸까?

◉ 수면 위를 달리는 것이 가능할까?

인간이 물 위를 달릴 수 있다면 얼마나 좋을까? 하지만 그런 이야기는 들어 본 적도 없다. 그러나 현실 세계에도 수면을 달릴 수 있는 생물이 있다. 어째서 가능할까?

소금쟁이는 물 위를 거침없이 돌아다닌다. 몸이 매우 가벼운 데다가 발끝에 물을 밀어내는 기름이 묻어 있기 때문이다. 또한 백조는 날갯짓을 하면서 물갈퀴로 수면을 달려 하늘로 날아오른다. 물에 가라앉지 않는 이유는 물갈퀴가 물을 차는 힘과 날개로 날아오르는 힘의 합계가 몸무게를 웃돌기 때문이다.

케르디오나 인간의 경우엔 바실리스크도마뱀을 참고하면 된다. 바실리스크도마뱀은 이구아나와 비슷하게 생긴 동물로, 뒷발의 발가락이 길고 발 부분에 주름이 있다. 이를 이용해 많은 물을 발로 차서 몸이 물속으로 가라앉는 것을 막고 수면을 시속 12km(인간이 걷는 속도의 3배)로 달린다.

수면을 발로 차면 몸이 가라앉는 것을 막는 힘이 생긴다. 이 힘은 발로 차는 물의 양이 많고, 차는 속도가 빠를수록 강해진다. 그러므로 이론상으로는 인간이 물 위를 달리는 게 절대 불가능한 이야기가 아니다. 엄청난 속도로 수면을 발로 차면 사람도 물 위를 달릴 수 있다.

케르디오도 엄청난 속도로 수면을 차며 달리는 것 아닐까?

케르디오에게는 바실리스크도마뱀처럼 긴 발가락이나 주름도 없으므로(있는 게 더 싫지만), 발굽으로만 물을 찰 수밖에 없다. 그럼 얼마나 빠른 걸까?

◉ 케르디오의 놀라운 스피드

케르디오가 현실 세계의 말처럼 달린다고 가정하고 그 속도를 계산해 보자. 말이 걸을 때는 네 개의 다리를 번갈아 가며 따그닥따그닥 움직이지만, 달릴 때는 뒷발을 동시에 차서 점프한 뒤 앞발로 착지하는 동작을 반복한다. 이 자세로 육지에서 수면으로 점프한다면?

케르디오는 앞발부터 물에 착지할 것이다. 이 순간 점프해서 내려가는 자세를 멈추는 힘이 필요해서 상당한 힘으로 발차기를 해야 한다. 그 직후 뒷발을 찰 때도 점프하기 위한 힘이 필요하므로 상당한 힘이 필요하다.

게다가 물은 땅과 달라서 모양을 마음대로 바꾸는 액체다. 발로 찰 때 패이거나 물이 튀거나 해서 차는 힘이 제대로 전달되지 않아 대부분의 힘이 사라져 버린다.

이런 사항들을 고려하면, 케르디오가 수면을 경사 45°로 위로 찬 뒤 높이 50cm로 점프해서 같은 각도로 물에 착지한다면 97t의 힘이 필요하다. 이렇게 할 수 있어야 물에 가라앉지 않고도 달릴 수 있다는 이야기다.

97t은 몸무게가 100kg인 포켓몬을 발로 차서 190m나 날려 버릴 수 있는 엄청난 킥 파워다. 케르디오는 수면을 달릴 수 있을 정도니까, 배틀에서도 상당히 유리할 것이다.

그러나 달리기 자체는 좀 안타깝다. 몸무게 48.5kg인 케르디오가 이 정도 힘을 만들어 내려면 시속 1,190km로 수면을 발로 차야 한다. 초고속 열차보다 네 배 빠르게 발을 움직인다는 뜻이지만 이렇게 애써 봤자 케르디오가 수면을 달리는 스피드는 고작 시속 11km라는 계산이 나온다! 흑흑, 수면을 달리는 것이 얼마나 어렵고 헛수고인지 이제 알겠지?

◉ 시속 1,000km로 달린다!

그러나 케르디오가 수면을 달리는 속도가 시속 11km라는 것은 아니다. 위의 계산은 현실 세계의 말과 동일하게 달린다고 가정할 때의 경우일 뿐, 포켓몬 도감을 읽어 보면 '발굽에서 물을 뿜어내서 수면을 미끄러지듯이 이동한다. 특기인 발기술로 싸운다'

블랙 고 쓰여 있다.

발굽에서 물을 뿜어내며 수면을 미끄러지듯이 이동한다니! 너무나 효율적이잖아? 현실 세계에서도 제트호일 고속 선박은 이와 같은 원리로 항해하여 보통 선박보다 2~3배 빠른 속도를 낸다.

케르디오가 발굽에서 시속 100km로 물을 뿜는다고 가정하자. 이때 발굽을 뒤쪽에서 아래로 0.5° 기울이면 물을 뿜는 힘으로 몸무게를 지탱할 수도 있다. 그렇게 하면 시속 1,400km까지 속도를 낼 수 있다!

이 정도의 스피드라면 태평양을 5시간 44분 만에 횡단할 수 있다. 그렇다면 온 세계를 누비는 것도 가능하니 실제로 그만큼의 속도를 낸다는 거겠지. 케르디오는 겉모습만 봐서는 상상조차 할 수 없는 달리기 방법으로 어마어마한 속도의 수상 주행이 가능하다.

그렇다면 케르디오처럼 물을 뿜어내지 못하는 인간은 어떻게 해야 물 위를 달리는 꿈을 이룰 수 있을까? 오로지 수면을 빠른 속도로 발로 차는 수밖에 없다. 키 150cm, 몸무게 50kg인 사람이 시속 300km로 달릴 수 있다면 물에 가라앉지 않을 것이다.

박쥐포켓몬 골뱃에게 생물을 배우자

피를 빨아들이는 골뱃, 얼마나 많은 포켓몬들이 희생될까?

골뱃은 다른 포켓몬이나 인간의 피를 빨아 먹는 박쥐포켓몬이다. 도감에는 '목표로 삼은 먹이에 송곳니를 찔러서 죽을 만큼 피를 빨아 버린다'고 소개되어 있는데, 당하는 입장이 되면 어쩌나, 상당히 기분이 나쁘다.

게다가 골뱃은 상당히 많은 양의 피를 빨아 먹는 듯하다. 도감에서는 '물리면 끝이다. 죽을 정

골뱃 박쥐포켓몬

타입 독 비행
- 키 1.6m
- 몸무게 55.0kg

▼ 블랙 2 · 화이트 2

한밤중 활발하게 날아다니며 목표로 삼은 먹이에 송곳니를 찔러서 죽을 만큼 피를 빨아 버린다.

도로 피를 빨아들이기 때문에 무거워져서 날 수 없게 될 때도 있다'고 한다.

피를 빠는 것만으로도 곤란한데 너무 많이 먹어서 날 수가 없다니 골뱃은 멍청한 건가? 잠깐 그런 생각도 든다. 하지만 당황하지 말고 혈액에 대해 배워 보자. 여러 가지 흥미로운 사실들을 알게 될 테니까.

⊙ 피를 빨아 먹는 생물들

모기, 흡혈박쥐, 거머리, 진드기 등 현실 세계에도 다른 동물의 피를 빨아 먹는 생물들은 많다. 모기는 곤충, 박쥐는 포유류, 진드기는 거미 종류, 거머리는 지렁이 같은 환형동물이다. 이렇게 여러 종류의 생물이 피를 빨아 먹는다는 것은 동물의 피에 풍부한 양분이 포함되어 있기 때문이다.

피를 빠는 동물에는 공통점이 있다. 바로 많은 양의 피를 빤다는 것인데, 곧 알을 낳을 암컷 모기는 자기 몸무게와 같은 양의 피를 뺀다. 흡혈박쥐는 체중의 40%나 되는 피를 빨아 먹어 날지 못하는 경우도 있다! 피를 빨아 먹은 거머리도 원래 몸의 몇 배나 뚱뚱해지고, 진드기 역시 원래 몸길이는 3mm 정도지만 피를 배불리 빨아 먹으면 지름 1cm 정도의 공처럼 둥글게 변한다. 이와 같은 예를 보면 골뱃이 날지 못하게 될 때까지 피를 빨아 먹는 것도 이상한 일은 아니다.

그렇다면 자연계의 흡혈 동물들은 어째서 날지 못하게 되거나 몸이 변형될 정도로 많은 피를 섭취하는 걸까?

음식에 포함된 양분은 열과 에너지로 바뀌기 때문에 그 양은 열의 단위인 kcal로 나타낸다. 1kcal는 물 1L의 온도를 1℃ 상승시킬 수 있는 열량이다.

동물의 피 100g에는 36kcal의 양분이 포함되어 있다. 이는 물 1L의 온도를 36℃나 상승시킬 수 있다는 의미이므로, 앞서 말했듯이 피는 양분이 풍부하다고 할 수 있다.

그러나 양분이 100g 당 23kcal인 양배추 등과 비교할 때 그렇다는 이야기고, 소고기 100g에 포함된 양분은 286kcal라서 무려 혈액의 여덟 배나 된다!

흡혈 동물들이 많은 양의 피를 빼는 이유는 바로 그 때문이다.

낳이 먹지 않으면 영양 부족으로 살 수가 없다.

◉ 영양 문제가 걱정이야!

그렇다면 걱정이다. 골뱃이 날지 못할 때까지 피를 빨면 양분이 충분할까?

골뱃이 흡혈박쥐와 마찬가지로 자기 몸무게의 40%의 피를 빤다고 가정해 보자. 골뱃의 몸무게는 55kg이므로 40%면 22kg의 피를 먹게 된다. 피는 1L=1kg이니 22kg=22L다. 중간 크기의 양동이로 약 3개 분량, 500ml 생수병으로 44병이라는 많은 양이다.

여기에 포함된 양분은 무려 7,920kcal다. 흡혈박쥐가 체중의 40%를 빨아 먹을 때 하루치의 양분을 얻는다고 가정해 보자. 현실 세계의 다른 박쥐의 경우 골뱃과 같은 몸무게라면 1,400kcal의 양분으로도 충분하다는 계산이 나온다. 7,920kcal라는 양분은 사실 그 5.7배다.

영양 부족을 걱정했지만, 골뱃에게 필요한 열량이 이 정도라면 다른 걱정이 생긴다. 골뱃이 살찌면 어떡하지! 점점 뚱뚱해져서 피를 빨고 난 직후는 고사하고 평상시에도 날지 못하게 된다.

골뱃이 매일같이 이런 흡혈 생활을 계속한다면 하루에 몸무게가 720g씩 늘어날 것이다. 10일이면 7.2kg! '다른 포켓몬으로 진화했나?' 하고 착각할 만큼 모습이 변해 버릴지도 모른다.

◉ 희생자가 얼마나 될까?

물론 골뱃은 현실 세계의 박쥐가 아니다. 훨씬 활동적이고 강인한 포켓몬이니 하루에 7,920kcal 정도의 열량이 필요하겠지. 만약 그렇다면 뚱뚱해지지도 않을 것이다.

그렇다면 생각해 보자. 이 정도의 피가 필요하다면 그동안 얼마나 많은 포켓몬과 인간이 희생되었을까?

골뱃이 자신과 몸무게가 같은 55kg의 인간의 피를 빨아 먹는 경우를 생각해 보자.

인간의 혈액은 몸무게의 $\frac{1}{13}$이므로 피의 양은 4.2L이다. 그렇다면 22L의 피를 마시기 위해 공격해야 할 인간의 숫자는 6명! 무, 무섭다!

생물은 혈액의 $\frac{1}{3}$을 잃으면 죽으니까 현실 세계에서는 모기에게 피를 빨려 죽은 사람은 없을 것이다. 흡혈박쥐의 몸무게는 최대 50g이니 빨아 먹는 피의 양도 최대 20g 정도다. 현실 세계의 흡혈 동물은 자신보다 훨씬 큰 동물의 피를 빨아 자신도 양분을 얻지만, 상대방도 그렇게 간단히 죽지 않는 경우가 많다.

상상해 보면 골뱃이 배가 부를 때까지 피를 빨아 먹어도 생명

에 지장이 없는 것은 몸무게 858kg가 넘는 커다란 포켓몬뿐이다. 그렇다면……. 메가진화, 원시회귀한 포켓몬을 제외하면 몸무게가 950kg인 그란돈뿐인데?

으음, 전설의 포켓몬을 습격해야 한다니 골뱃도 힘들겠다. 좀 성가실 것 같지만, 골뱃도 우리 모르게 여러 모로 고생을 하고 있는지도 모른다.

재난포켓몬 앱솔에게 지구과학을 배우자

재해를 예지하는 앱솔, 지진이나 화산 폭발을 어떻게 알아챌까?

가엾고 안타까운 포켓몬, 앱솔!
앱솔이 사람들 앞에 나타나면 반드시 자연재해가 일어나서 '재난포켓몬'이라고 불리게 되었지만, 사실은 '자연재해를 감지하는 힘을 지녔다. 험한 산악 지대에 서식하며 좀처럼 산기슭에는 내려오지 않는다.' 알파사파이어

그렇다. 앱솔은 재해를 부르는 것이 아니라 재해를 미리 예지하

앱솔 재난포켓몬

▼ 오메가루비

앱솔이 사람들 앞에 나타나면 반드시 지진이나 해일 등의 재해가 일어나서 재난포켓몬이라는 별명으로 불렸다.

타입 악
• 키 1.2m
• 몸무게 47.0kg

는 것뿐이다. 게다가 '재해의 징조를 느끼면 모습을 보이기 때문에 재앙을 부르는 포켓몬으로 오해받고 있었다.' Y 세상에, 인간에게 재해를 알려 주려고 나타났을 뿐인데, 재앙을 부른다고 여겨진다니 너무 안타깝다!

과학적으로 흥미로운 것은 앱솔의 예지능력이다. 현실 세계에서도 자연재해를 예측하기 위해 많은 연구를 하지만 정확하게 예측하기란 참 어렵다. 어떻게 정확하게 예지할 수 있는지 앱솔의 능력을 과학적으로 생각해 보자.

◉ 재해가 일어난다는 사실을 어떻게 알지?

자연재해가 일어나기 전에는 '전조 현상(조짐, 징조)'이라 불리는 작은 변화가 일어난다.

지진의 경우를 보자. 지구는 '판(plate)'이라는 대륙을 구성하는 열세 장의 널빤지 모양 바위로 덮여 있다. 그 아래 내부에는 맨틀이라는 두툼한 바위층이 흘러 다니므로 그 위에 있는 판도 여러 방향으로 움직인다. 그 결과 판과 판이 여기저기에서 서로 부딪쳐 조금씩 틀어진다. 틀어짐이 한계에 다다르면 판이 경계선에서 미끄러지거나 부서지면서 땅이 흔들린다. 이게 바로 지진이며, 지진이 일어나기 전에는 다음과 같은 징조가 나타난다.

① 지면의 융기(땅덩어리가 높아지는 현상)나 침강(땅덩어리가 낮아지는 현상)이 일어나 주위 지면의 기울기가 변한다.

② 지면이 늘어나고 줄어들어 각 지역 사이의 거리가 변한다. 머지않아 대지진이 일어날 것이라고 예상되는 일본 시즈오카 현 스루가 만의 동쪽과 서쪽은 1년에 몇 cm씩 가까워지고 있다.

③ 지하수의 수위가 올라가거나 내려간다. 이에 따라 우물의 물높이가 변한다.

④ 바위들끼리 어긋나서 작은 지진이 일어난다. 이때 전파가 발생한다는 설도 있다.

현실 세계에서는 전조 현상을 포착하기 위해 다양한 기계가 개발되고 있지만, 앱솔은 어떻게 지진의 전조 현상을 포착할까?

포켓몬 도감에는 '뿔이 감지한 불행을 사람에게 알리려고 산속에서 모습을 드러낸다' 블랙2 화이트2 고 하니까, 앱솔은 뿔로 ④의 전파를 포착할지도 모른다. 그러나 전파가 발생한다는 건 어디까

시나 가설일 뿐, 확실하다고 할 수는 없다. 그렇다면 앱솔은 감각이 대단히 예민해서 다른 전조 현상도 알아채는 게 아닐까?

어쩌면 앱솔은 지면의 기울어짐을 눈치채거나, 땅의 융기와 침강을 알 수 있는 걸지도 모른다. 만약 그렇다면 ①은 해결이다.

또 귀가 매우 밝고 시간 감각이 뛰어날 경우 ②도 알 수 있다. 예를 들어 두 마리의 앱솔이 두 개의 산 정상에서 서로 울음소리를 주고받는다고 가정하자. 소리가 전달되는 속도는 일정하므로 거리가 같으면 전달되는 시간도 변하지 않는다. 그러나 지면이 움직여 산과 산 사이의 거리에 변화가 생기면 소리가 전달되는 시간도 바

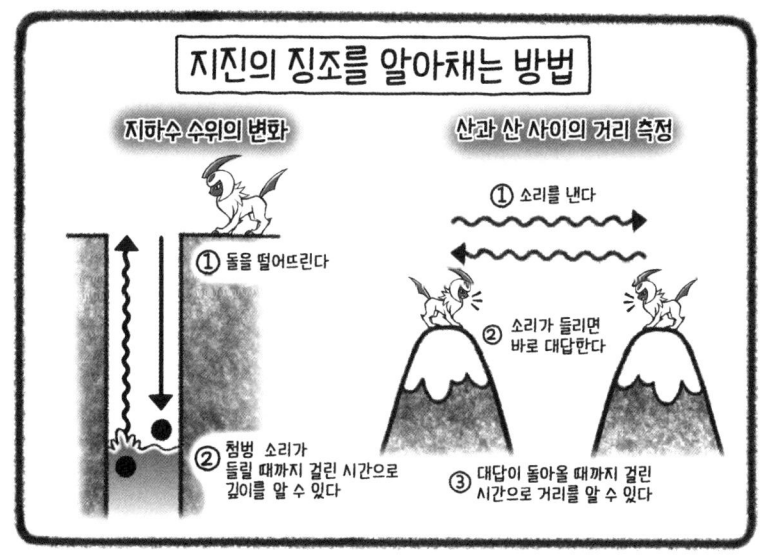

뛴다. 이는 ③도 마찬가지여서 우물에 돌을 떨어뜨린 뒤 '첨벙' 물소리가 들릴 때까지의 시간을 재면 수면의 높이도 알 수 있다.

앱솔의 감각이 매우 예민하다면 이런 전조 현상들을 포착해서 지진을 예측할 수도 있을 것이다. 그리고 자기가 감지한 소리가 얼마나 달라졌는지 비교해야 하니까 이전 데이터도 완벽하게 기억하겠지. 이 얼마나 총명한 포켓몬인가!

◉ 훌륭한 포켓몬 앱솔

화산 분화도 자연재해 중 하나다. 화산 지하에는 마그마가 모여 있는 웅덩이(마그마굄)가 있는데 그보다 더 아래에서 새 마그마가 올라오면 화산이 분화한다. 이때 다음과 같은 전조 현상이 일어난다.

우선 화산 연기가 올라오는 모양이 바뀐다. 그 다음 화산 특유의 진동인 '화산성 지진'이 일어나고, 화산 전체가 팽창하여 산 중턱의 기울기가 바뀐다. 또 화산과 주위 공기가 흔들리는 '공진'이 일어난다.

앱솔의 놀라운 감각이라면 이런 현상들 역시 쉽게 포착할 수 있을 것이다. 만약 앱솔이 이런 조짐들을 느끼고 화산 분화를 예지한다면 인간 앞에 나타날 것이 분명하다.

그렇다면 앱솔이 험한 산악 지대에 사는 것도 납득이 간다. 전망 좋은 산에 살면 지진의 징조도, 화산 분화의 전조 현상도 잘 보일 것이다. 게다가 산악 지대에는 자동차도 안 다니고 여러 소음도 없으니 앱솔의 예민한 감각을 방해하는 요소들이 없다. 산에서 살면 불편하고 외로울지도 모르지만 고독을 견디며 잠자코 지켜보는 거겠지.

또 이제 와서 산을 내려올 수도 없다. 재해를 예지한다고 유명해진 앱솔이 조심성 없이 산기슭에 내려왔다가는 '재해가 일어날 거야!' 하고 한바탕 소동이 벌어질 게 분명하기 때문이다.

재해가 닥쳐오지 않는 한 산에서 내려올 수 없는 앱솔. 재난을 부르는 포켓몬이라는 오해는 슬픈 일이지만 그래도 앱솔은 재해를 예지하는 삶을 살아왔다. 앱솔은 정말로 훌륭한 포켓몬이다!

변신포켓몬 메타몽에게 생물을 배우자

몸의 세포를
재구성하여 변신하는
메타몽의 엄청난 능력!

메타몽은 왠지 보고만 있어도 몸에서 힘이 빠진다.

생김새가 너무나도 단순하다. 몸의 세포를 재구성하여 여러 가지로 변신할 수 있지만 '전에 봤던 것을 기억해 내면서 바뀌면 조금 다른 형태가 되어 버리는' 뒷심 부족한 포켓몬이 바로 메타몽이다. 뭐, 그런 점도 귀엽긴 하지만.

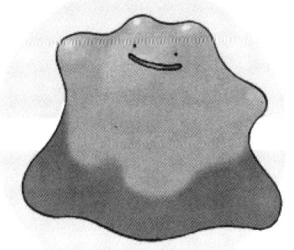

메타몽 변신포켓몬　　타입 노말
● 키 0.3m
● 몸무게 4.0kg

▼ 오메가루비 · 알파사파이어

몸의 세포를 재구성하여 변신한다.
전에 봤던 것을 기억해 내면서 바뀌면 조금
다른 형태가 되어 버린다.

하지만 그런 무사태평한 말은 메타몽을 처음 봤을 때만 할 수 있다. 메타몽의 변신을 과학적으로 살펴보면 놀랄 수밖에 없으니까!

◉ 세포란 무엇일까?

무엇보다 기쁜 것은 메타몽의 변신 방법이 '몸의 세포를 재구성하여'라고 분명히 쓰여 있다는 사실이다. 우리가 어릴 때부터 열광한 영웅들은 어떤 원리로 변신하는지 아무런 설명도 없었기 때문이다.

메타몽 변신의 열쇠를 쥐고 있는 세포란 무엇일까? 현실 세계 생물들의 몸은 지름 0.01mm 가량의 작은 알갱이가 모여서 만들어진 것이다. 이것이 세포인데, 세포 하나하나가 호흡을 하고 단백질을 만드는 등 살아가는 데 필요한 능력을 갖고 있다.

세포의 수는 대략 몸무게 1kg 당 1조 개다. 가령 몸무게 40kg

인 초등학생의 몸은 40조 개의 세포로 만들어진 것이다. 숫자로써 보면 40,000,000,000,000개다. 한 명의 인간이 살아 있다는 것은, 이만큼 많은 세포가 서로 협력하면서 살고 있는 상태를 말한다.

세포에는 유전자가 포함되어 있다. 유전자는 부모로부터 물려받는 것으로, 세포의 모양과 기능을 결정하고 이에 따라 외모나 성질이 정해진다. 아이가 부모를 닮은 것도 부모의 유전자가 아이에게 전달되었기 때문이다.

이렇게 생각할 경우 메타몽의 변신은 어떨까?

뮤가 모든 포켓몬의 유전자를 지니고 있고, 뮤츠가 유전자 조작에 의해 만들어졌다는 사실을 생각하면, 포켓몬의 세포 형태나 성질도 유전자에 의해 결정되는 것 아닐까? 그렇다면 세포를 재구성하는 메타몽의 변신 방법은 온몸의 세포 유전자를 다시 만들어 낼 가능성이 높다.

이것은 매우 놀라운 사실이다. 현실 세계에 사는 생물들의 유전자는 죽을 때까지 변하지 않는다. 그런데 메타몽은 그것을 자신의 의지로 바꿔 버린다는 이야기다! 정확히 어떤 원리인지는 모르지만 과학적으로는 그렇다고 생각할 수밖에 없다…….

◉ 4조 명을 기억할 수 있을까?

유전자를 바꾸는 실험은 현실 세계에서도 이루어지고 있다.

병충해에 강하거나 많이 수확할 수 있는 성질을 농작물에 추가하거나, iPS 세포(인공만능세포, 유도만능줄기세포)처럼 어떤 세포로도 변할 수 있는 세포를 만들기 위해서다. 이때 한 번의 조작으로 유전자를 다시 만들 수 있는 것은 단 한 개의 세포뿐이다. 그 세포에 양분을 공급하여 수를 늘린다. 물론 오랜 시간이 걸린다.

그러나 메타몽은 온몸이 순식간에 변하기 때문에 온몸의 세포 유전자를 한꺼번에 다시 만든다고 볼 수 있는데, 이는 엄청나게 힘든 일이다.

만약 메타몽의 몸이 실제의 생물과 마찬가지로 1kg 당 1조 개의 세포로 만들어졌다면 몸무게가 4kg인 메타몽의 세포는 4조 개다! 한 번에 변신하려면 메타몽은 4조 개의 유전자를 한꺼번에 다시 만들어야 한다.

그렇다면 메타몽이 예전에 봤던 기억만으로 변신하는 것이니, 약간 다른 모양으로 변해 버리는 것은 너무나도 당연하다. 예를 들어 '예전에 만났던 사람이 4조 명인데 그 4조 명의 얼굴과 이름을 얼마나 정확하게 기억할까?'와도 같은 이야기겠지. 보통 사람들은 거의 기억하지 못한다. 하지만 메타몽은 약간 다른 모양

정도로 수습된다니 그건 많은 부분을 기억한다는 뜻이니까 오히려 존경스럽기까지 하다.

◉ 몸무게까지 똑같아진다고?

메타몽의 변신 능력은 놀랍지만 과학적으로 조금 우려되는 부분이 있다. 키 0.3m인 메타몽이 변신하면 어떤 크기로도 바뀔 수 있다는 부분이다.

현실 세계에는 '질량 보존의 법칙'이라는 것이 있다. 예를 들어 직육면체 찰흙을 저울에 달았을 때, 세로로 놓아도 가로로 놓아도, 모양을 바꾸어도 몇 조각으로 나눠도 그 질량은 변하지 않는다. 만약 메타몽이 이 법칙을 따른다면 아무리 모양을 바꾸어도 무게만은 변하지 않을 것이 분명하다.

그러나 메타몽은 놀랍게도 모습만 비슷하게 바꾸는 정도가 아니라 변신하는 대상과 질량도 똑같아진다고 한다. 이것은 엄청난 능력이다!

하지만 어떻게 그게 가능할까? 이론적으로 생각할 수 있는 사실은 공기나 흙 속에 포함된 물질로 몸의 재료가 되는 물질을 순간적으로 만들어 낸다는 가능성 정도다. 그러나 이론적으로 가능하다고 해도 구체적으로 무엇을 어떻게 하면 될지는 도무지 짐작

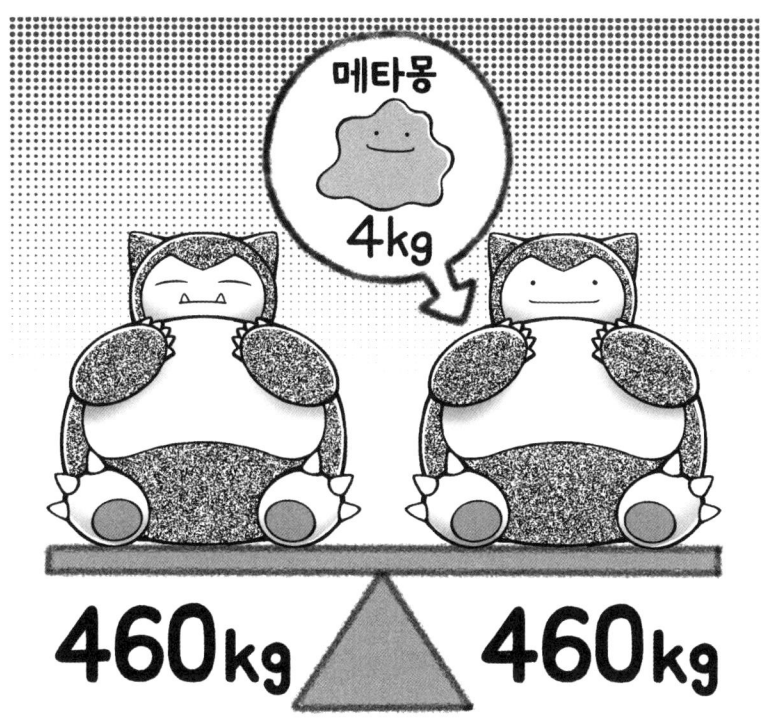

도 가지 않는다.

느긋한 표정으로 놀라운 능력을 발휘하는 메타몽.

역시 대단한 포켓몬이다.

돌집포켓몬 돌살이에게 화학을 배우자

입에서 내뿜는 액체로 돌에 구멍을 뚫는 돌살이, 어떤 성분일까?

돌살이는 언뜻 보기에는 얌전해 보이지만 암팰리스로 진화하면 꽤 거친 분위기를 풍긴다. 포켓몬 도감에는 '영역을 차지하기 위해 암팰리스끼리 격렬히 싸운다. 바위가 부서진 쪽이 패배다' Y 라는 해설도 있다. 무자비하다.

'될성부른 나무는 떡잎부터 알아본다'는 속담도 있다. 훌륭한 인물은 어릴 때부터 뛰어난 점이 있

돌살이 돌집포켓몬　타입 벌레 바위

▼ 블랙 2 · 화이트 2

● 키 0.3m
● 몸무게 14.5kg

적당한 사이즈의 돌이 있으면 입에서 액체를 분비해서 안에 들어가기 위한 구멍을 판다.

다는 의미인데, 그야말로 돌살이에게 어울리는 표현이라고 생각한다. 이 포켓몬은 적당한 크기의 돌을 발견하면 입에서 액체를 내뿜어 돌에 구멍을 낸다!

현실 세계에서는 소라게 같은 동물이 돌살이처럼 등에 집을 이고 다니지만 소라게는 자신의 몸에 맞는 조개껍데기를 찾아 그 안으로 들어갈 뿐, 스스로 구멍을 내는 것은 아니다. 돌에 구멍을 내는 돌살이는 도대체 어떤 액체를 분비할까?

◉ 돌을 녹이는 물질이 존재할까?

현실 세계에도 입에서 소화액을 내뿜어 단단한 것을 녹이는 생물은 존재한다.

뿔소라는 입에서 소화액을 뿜어 다른 조개의 조개껍데기를 녹이고 그 알맹이를 먹는다. 문어도 입에서 소화액을 뿜어 왕새우의 딱딱한 껍데기를 녹인다.

그러나 뿔소라나 문어의 소화액은 돌을 녹이는 것은 아니다. 현실 세계에 돌을 녹일 수 있는 액체가 존재할까?

조개나 새우의 껍데기는 탄산칼슘이라는 물질로 이루어져 있다. 탄산칼슘은 동물의 이빨이나 계란 껍데기, 분필 등의 주성분이기도 하며, 염산을 뿌리면 녹아서 이산화탄소를 배출한다. 뿔소라가 조개껍데기를 녹일 수 있는 이유는 입에서 나오는 소화액에 염산이 함유되어 있기 때문이다.

암석 중에도 탄산칼슘으로 이루어진 것이 있다. 바로 시멘트나 석탄의 원료가 되는 석탄암이나, 석탄암이 마그마의 열로 단단해진 대리석이다. 석탄암이나 대리석은 뿔소라나 문어의 소화액으로 녹일 수 있다.

그러나 암석의 대부분은 이산화규소로 이루어져 있다. 유리나 수정의 주원료다. 그리고 이 이산화규소라는 물질은 불산에 녹는다. 즉 돌살이가 입에서 분비하는 액체에 염산이나 불산이 함유되어 있다면, 돌을 녹여 구멍을 내는 것도 가능하다는 뜻이다.

◉ 돌살이는 녹지 않을까?

입에서 뿜는 액체에 염산이나 불산이 함유되었다면 돌살이의 능력은 돌을 녹이는 것만으로 끝나지 않는다.

 염산은 철이나 알루미늄, 아연 등 많은 금속을 녹인다. 불산은 더 많은 종류의 금속을 녹인다. 불산이 녹일 수 없는 금속은 금과 백금 정도다. 그렇다면 돌살이가 뿜는 액체는 바위포켓몬은 물론 강철포켓몬도 녹여 버릴 가능성이 있다는 걸까? 헉, 돌살이가 그렇게 강력하다니…….

 특히나 강력한 것은 불산이다. 유리는 이산화규소로 이루어져 있어 불산에 녹는다. 플라스크나 비커 등 실험 기구의 대부분을 유리로 만드는 이유는 유리가 대부분의 물질에 녹지 않기 때문인데, 그 유리조차도 불산에는 당해 낼 수 없다. 그래서 불산은 절대 유리 용기에 보관할 수 없다.

그렇다면 걱정이다. 돌살이는 그렇게 강력한 액체를 어떻게 몸 안에 쌓아 둘까?

사실 염산은 인간의 위액에도 포함되어 있어 음식의 소화를 돕는다. 그런데도 위가 녹아내리지 않는 것은 위의 표면에서 염산의 활동을 약화시키는 물질을 분비하기 때문이다. 돌살이의 몸도 같은 구조로 되어 있지 않을까?

그리고 연구실의 불산 보관 방법에서도 힌트를 얻을 수 있다. 불산은 플라스틱 용기에 보관한다. 플라스틱은 금속이나 암석보다 약한 물질이라고 생각하기 쉽지만, 불산에는 강하다.

물질에도 포켓몬 배틀처럼 상성이 있는 것이다. 돌살이의 몸도 자신의 액체에는 녹지 않는 물질로 이루어져 있을지도 모른다.

◉ 녹이려면 많은 액체가 필요하다

돌살이에게 그런 능력이 있다고 해도 자신이 들어갈 만한 구멍을 뚫는 것은 어려운 일이다.

애니메이션에서는 어떤 용액을 한 방울 똑 떨어뜨리기만 해도 많은 것들이 줄줄 녹아내리는 장면을 볼 수 있지만, 실제로 그런 일은 일어나지 않는다. 다른 물질을 녹이는 액체도 일정 양을 녹인 뒤에는 다른 물질로 바뀌어 녹이는 힘을 잃기 때문이다. 많은 양의 물질을 녹이려면 많은 양의 액체가 필요하다.

돌살이가 돌에 구멍을 뚫으려면 얼마나 많은 액체를 분비해야 할까? 돌에 뚫을 수 있는 구멍의 지름을 10cm, 깊이를 30cm라고 하고, 구멍의 바닥이 둥글다고 가정하면, 돌살이는 약 2.2L의 돌을 녹여야 한다. 그 돌이 석회암일 경우 필요한 염산의 양은 8.7kg이다. 돌살이의 몸무게가 14.5kg이므로 몸무게의 60%에 달하는 염산이 필요한 것이다. 다른 암석일 경우에는 불산이 6.8kg이나 필요하다. 몸무게의 47%다. 어휴, 꽤 많은 양인데!

액체를 분비해 자신이 들어갈 정도의 큰 구멍을 내려면 이만큼의 양이 필요하다는 이야기다. 며칠에 걸쳐 느긋하게 구멍을 내는 걸까? 놀라운 능력이지만 돌살이도 나름대로 애쓰고 있을지 모른다.

연결포켓몬 님피아에게 생물을 배우자

마음을 온화하게 하는 파동을 보내는 님피아, 어떤 파동이지?

님피아는 정말 귀엽다. 포켓몬 도감에는 '좋아하는 트레이너의 팔에 리본 모양의 더듬이를 감고 함께 걷는다' ❼고 설명하고 있는데, 님피아가 나한테 그러면 녹아 버릴지도 모르겠다!

시작부터 너무 하트 뿅뿅이면 안 되겠지. 과학적으로 흥미로운 점은 '리본 모양의 더듬이에서 마음을 온화하게 하는 파동을 보내 싸움을 그

님피아 연결포켓몬 타입 페어리
● 키 1.0m
● 몸무게 23.5kg

▼ X

리본 모양의 더듬이에서 마음을 온화하게 하는 파동을 보내 싸움을 그만두게 한다.

만두게 한다'X 는 내용이다.

마음을 온화하게 하는 파동을 보내다니! 그렇게 해서 싸움을 멈추게 하다니! 인간과 포켓몬의 마음을 변화시킨다는 뜻이겠지. 어떻게 보면 그야말로 엄청난 능력 아닐까?

세상에는 존재하는 것만으로 마음이 차분해지는 사람이 있다. 예를 들어 아기들의 웃는 얼굴을 바라보며 세계 정복을 계획하긴 어렵겠지.

그러나 과학적으로는 어떨까? 어떻게 하면 사람의 마음을 온화하게 할 수 있을까?

그리고 그런 능력을 가진 님피아의 파동이란 어떤 것인가?

◉ 기분이란 무엇일까?

대체 기분이란 뭘까?

어려운 문제지만 생물학적으로는 다음과 같이 설명할 수 있다.

연결포켓몬 님피아에게 생물을 배우자

인간이나 동물의 기분은 뇌에서 생겨난다. 무엇인가 보거나, 듣거나, 맛보거나, 냄새 맡거나, 만지거나 하면, 일단 뇌에서 과거의 기억과 비교하여 '좋다', '싫다', '무섭다', '안심' 등의 단순한 기분이 생겨난다. 이는 '먹는다'거나 '도망친다'는 등의 생존에 필요한 행동을 하는 데 꼭 필요한 과정이다.

인간의 경우 거기에 다른 기억과 사고가 더해져 '멋지다', '용서할 수 없다', '감사하다', '부럽다' 등 복잡하고 풍부한 기분이 만들어진다.

즉, 기분은 눈이나 귀를 통해 들어온 정보와 기억이 뇌에서 섞여서 생겨난다는 이야기다.

그렇다면 상대의 기억에 맞추어 적절한 정보를 제공하면 기분을 바꿀 수 있을 거라는 생각도 든다. 예를 들어 좋아하는 색을 보여 준다거나 싫어하는 것을 먹인다면 상대를 기쁘게도 화나게도 할 수 있을 것이다. 그러나 기억은 사람에 따라 다르므로 똑같은 정보로 모든 사람의 기분을 바꿀 수는 없다.

◉ 교감 신경과 부교감 신경

님피아에 대한 해설 가운데 '마음을 온화하게 하는' 부분처럼 많은 사람의 기분을 완화시키는 방법이 있다. 인간이나 동물에게는 신상과 완화에 영향을 미치는 신경이 있기 때문이다. 바로 교감 신경과 부교감 신경이다. 교감 신경은 심장의 고동이나 호흡을 빠르게 해서 위장의 활동을 억제하고 기분을 긴장시키며, 부교감 신경은 고동과 호흡을 느리게 해서 위장을 활발히 움직이게 하고 기분을 완화시킨다.

이러한 장치가 갖춰진 것은 인간도 원래 야생동물이었기 때문이다. 야생에서의 생활은 위험 요소가 가득하다. 천적에게 공격당하면 우선 도망치는 것이 먼저인데, 그러려면 많은 에너지가 필요하므로 온몸에 양분과 산소를 공급해야 한다. 따라서 교감 신경은 심장 고동을 빠르게 하고 호흡을 거칠게 만든다. 자신이 잡아먹힐지도 모르는 마당에 뭔가 먹을 여유는 없으니 위장의 활동은 최소한으로 억제하고 긴장 상태를 유지한다.

그러나 이런 상태가 계속되면 지쳐 버려 에너지가 아무리 있어도 부족하다. 그렇기 때문에 위험 요소가 사라지면 부교감 신경이 활동하기 시작해 심장과 폐의 활동을 억제하고 위장의 활동을 활성화시켜 온화한 기분을 만드는 것이다.

아기를 봤을 때 도망가거나 싸우고 싶은 마음이 드는 사람은 없을 것이다. 따라서 교감 신경은 진정되고 부교감 신경이 활동하기 시작하여 기분이 안정된다.

 님피아의 모습도 마찬가지 효과를 불러오지 않을까? 귀여운 리본과 흰색+분홍색의 몸, 그리고 온화한 미소는 전혀 위험이 느껴지지 않는다. 보고만 있어도 부교감 신경이 활동하기 시작하는 것을 알 수 있다. 아, 빨리 오늘 할 일을 끝내고 멍하게 쉬고 싶다……

☻ 님피아는 어떤 파동을 보낼까?

그러나 님피아는 겉모습뿐 아니라 실제로 마음을 온화하게 하는 파동을 보낸다. 이 파동은 무엇일까?

파동이란 '마루(높은 지점)'와 '골(낮은 지점)', 즉 높낮이의 반복에 의해 전달되는 현상이다. 예를 들어 소리도 파동이다.

소리는 공기의 신축(늘어나고 줄어듦)이 전달되는 현상으로 줄어드는 곳은 마루, 늘어나는 곳이 골에 해당된다. 마루에서 마루까지의 거리가 짧을수록 음이 높아진다. 빛은 마루와 마루의 거리가 길면 빨간색, 짧으면 보라색이 된다.(그밖에도 열과 냄새 등 강약이 있는 것도 파동으로 보낼 수 있다.)

소리나 빛은 인간의 교감 신경과 부교감 신경에 영향을 준다. 시끄러운 소음과 강렬한 빛은 교감 신경을 자극한다. 조용한 음악을 듣거나 부드러운 빛을 쬐면 부교감 신경이 활동해서 온화한 기분이 된다.

님피아도 리본 같은 더듬이로 온화한 소리나 빛, 열이나 냄새, 혹은 인간은 모르는 파동을 부드럽게 보내는 것 아닐까? 현실 세계에도 꼭 존재하길 바라는 포켓몬이다.

> 탈것포켓몬 라프라스에게 생물을 배우자

한때 멸종 위기에 빠졌던 라프라스, 왜 그렇게 되었을까?

라프라스는 비운의 포켓몬이다. 포켓몬 도감에 따르면 '인간의 말을 이해하는 높은 지능을 가졌으며 등에 사람을 태우고 바다를 헤엄치는 것을 좋아하는 포켓몬' 블랙2 화이트2 이다. 그리고 '부드러운 마음의 소유자다. 좀처럼 다투지 않으므로 많이 잡혀서 수가 줄었다' X 고 한다.

맙소사, 부드러운 마음 때문에

라프라스 탈것포켓몬
타입 물 얼음
● 키 2.5m
● 몸무게 220.0kg

▼ 오메가루비·알파사파이어

사람이 멸종의 위기로 몰아갔다. 석양이 내리면 수가 줄어든 동료를 찾아 슬픈 목소리로 노래한다고 한다.

도리어 멸종 위기에 놓인 것이다. 석양이 내리면 동료를 찾아 슬픈 목소리로 노래한다지만 대답해 줄 동료가 남아 있을까……?

라프라스를 이런 상황에 몰아간 것은 인간이라는데, 인간은 라프라스에게 대체 무슨 짓을 했을까? 이번에는 생물의 멸종에 대해 생각해 보자.

◎ 멸종의 세 가지 유형

현실 세계에서도 인간은 많은 동식물을 멸종시켜 왔다. 국제자연보호연합(IUCN)이 확인한 숫자만 해도 800종 가까이 된다고 한다. 그리고 국제자연보호연합에서 멸종이 걱정되는 종류로 지정한 동식물도 무려 20,000종이다!

인간이 생물을 멸종시킨 원인은 크게 세 가지로 정리할 수 있다.

첫 번째는 인간이 고기나 모피를 손에 넣기 위해 사냥을 했기 때문이다. 특히 무분별하게 마구 사냥하는 것을 '남획'이라고 부르는데, 매머드는 급격한 기후 변화에 적응하지 못한 탓도 있지만 인간의 남획으로 10,000년 전에 멸종했다고 알려져 있다. 빙하기 이후 가장 큰 새였던 '모아' 역시 남획으로 500년 전에 멸종한 것으로 유명하다. 듀공(바다소)과 비슷한 포유류인 '스텔러바다소'는 1741년에 발견된 지 고작 27년 만에 멸종되었다.

두 번째는 생물의 서식 장소에 인간이 다른 생물을 데려다 놓는 경우다. 도도새는 아프리카 모리셔스 섬에 살았던 새인데, 사람과 개, 돼지, 원숭이 들이 도도새와 그 알을 먹는 바람에 1681년 멸종되었다(쌍둥이새포켓몬 두두는 무사해서 정말 다행이다). 일본 오가사와라 제도의 오가사와라흑비둘기는 고양이에게 습격당하고 쥐가 알을 훔쳐 먹어서 1800년대 말에 멸종되었다.

세 번째는 생물들이 사는 환경을 인간이 파괴하는 경우다. 케이프사자(1865년), 태즈메이니아주머니늑대(1936년), 카리브해몽크물범(1950년대), 멕시코회색곰(1964년), 카스피호랑이(1970년대), 자바호랑이(1990년대), 양쯔강돌고래(2007년) 등이 그렇게 멸종되었다.

사자나 호랑이나 곰처럼 덩치가 큰 동물들도 환경의 악화에는 견딜 수 없다. 개구리, 물고기, 곤충, 조개, 식물까지도 이 세 가지 원인으로 점점 사라져가고 있다.

왜 닥치는 대로 사냥했을까?

그렇다면 라프라스가 멸종 위기에 처한 이유는 뭘까? 좀처럼 싸우지 않기 때문에 많이 잡혀 버려 숫자가 줄었다고 하니 남획 때문이겠지. 그렇다면 문제는 어째서 인간이 라프라스를 많이 잡았는가다.

현실 세계에서는 먹기 위해 동물을 사냥하는 것은 물론이고, 대왕판다나 눈표범(설표)처럼 아름다운 모피를 얻기 위해 동물을 잡기도 한다. 아시아코끼리나 아프리카코끼리는 상아를 노린 인

간들 때문에 수가 줄어들기 시작했다. 산맥(마운틴테이퍼)은 사냥 스포츠의 표적이 되었으며, 반려동물로 인기인 목도리여우원숭이는 밀렵으로 많이 잡혔다. 이렇게 나열해 보면 인간은 정말 잔인하다.

이러한 사실들을 라프라스에 비추어 생각해 보니 정말로 걱정되기 시작한다.

라프라스는 맑고 투명한 푸른색의 몸에 '촉촉바디'라는 매력도 갖고 있다. 등딱지도 독특해서 인간들이 노릴 가능성도 크다.

또 '등에 사람을 태우고 바다를 헤엄치는 것을 좋아한다'는 특징과 '노래하기'도 가능하다. 당연히 인기 폭발일 수밖에 없다. 인간을 치유해 주는 존재가 될 것이다.

게다가 부드러운 마음의 소유자로 좀처럼 싸울 일도 없으니 다른 동물과 함께 기르기도 쉬울 테고.

이런, 매력이 철철 넘친다! 슬프지만 라프라스의 남획은 납득할 수밖에 없는 결과다……!

ⓟ 라프라스와 인간의 미래

생물은 한 번 멸종하면 절대 부활할 수 없다. 어느 정도 이상 개체수가 줄어들면 아무리 환경이 다시 좋아진다 해도 멸종을 막을 수 없다. 그리고 한 종의 생물이 멸종한다는 것은 생태계 전체가 멸망의 길로 향하고 있다는 뜻이다. 즉 인간도 언젠가는 멸종할 수 있다. 그러니까 이제부터라도 더 이상 라프라스를 사냥하지 않아야 한다. 더 이상 라프라스가 슬픈 목소리로 노래를 부르게 해서는 안 된다. 많은 동식물을 멸종시켜 온 현실 세계의 한 사람으로서 간절히 바라는 바다.

솜풀포켓몬 솜솜코에게 지구과학을 배우자

바람 따라 흘러 흘러 세계 일주! 솜솜코의 여행은 어떨까?

솜솜코는 머리에 커다란 솜털이, 양손 끝에도 솜털이 달려 있다. 절대 강하게 보이지 않지만, 활동 범위는 터무니없이 넓다. 세계 일주를 한다고 하니까!

게다가 이동 수단은 바람이다. 정말로 즐거울 것 같지만, 바람에 몸을 맡기면 어디로 갈지 스스로 결정할 수 없다는 문제가 생긴다.

솜솜코는 정말로 세계 일주를

솜솜코 솜풀포켓몬

타입 풀 비행
● 키 0.8m
● 몸무게 3.0kg

▼ 블랙 2 • 화이트 2

계절풍에 날려서 세계 일주를 해 버린다. 도중에 솜 포자를 흩뿌린다.

할 수 있을까? 약간 의심스러워서 바람에 대해 조사했더니, 이럴 수가! 솜솜코의 뜻밖의 여행을 상상할 수 있었다.

◎ 민들레와 비교해 보자!

솜솜코를 보고 있으면 나도 모르게 민들레를 떠올린다. 하지만 솜솜코와 현실의 민들레는 큰 차이가 있다.

우선 비행 거리가 다르다. 민들레가 씨앗을 날리는 거리는 멀어 봤자 몇백m 정도다. 이에 비해 솜솜코는 세계 일주를 한다. 지구 한 바퀴는 약 40,000km이므로, 솜솜코는 민들레의 10만 배 정도의 비행 능력을 가지고 있다는 뜻이다.

또 민들레는 잎이나 줄기, 뿌리 등의 본체는 땅에 둔 채 씨앗만 날려 보낸다. 씨앗에 붙어 있는 흰 갓털 때문에 바람을 타고 날아가는데, 떨어진 장소의 조건이 좋으면 싹이 터 민들레가 되지만 그렇지 않은 경우 시들어 버린다. 민들레 씨앗의 운명은 그야말로 바람에 달린 것이다.

솜솜코는 솜솜코 자체가 한꺼번에 날아가 솜 포자를 흩뿌린다. 엄밀히 얘기하자면 이것도 바람에 달린 것이기는 하지만, 날아간 장소에서 솜 포자를 뿌릴지 말지는 솜솜코가 직접 결정할 수 있다. 본체도 함께 날아가므로 효율적으로 솜 포자를 뿌릴 수 있는 셈이다. 겉보기와는 달리 꽤나 다부진 포켓몬이다.

◉ 계절풍이란 무엇일까?

솜솜코의 해설 중 '계절풍에 날려서'라는 설명이 있다. 계절풍이란 계절에 따라 주기적으로 일정한 방향으로 부는 바람이다. 계절풍이 부는 데는 법칙이 있으므로, 계절풍을 생각하며 솜솜코의 여행을 상상해 보자.

계절풍은 아무 데서나 부는 바람이 아니다. 계절풍이 부는 곳은 대륙과 바다 사이에 있는 장소와 그 주변이다.

그리고 계절에 따라 바람의 방향이 바뀌는 것은 육지와 바다의 기온 변화와 관계가 있다.

① 육지는 잘 따뜻해지며 잘 식는다.

② 바다는 잘 따뜻해지지 않으며 잘 식지도 않는다.

이러한 성질 때문에 여름에는 바다보다 육지의 기온이 높아진

나. 공기는 온도가 따뜻해지면 가벼워져서 하늘 높이 올라간다. 이 때문에 땅 위는 공기가 부족해지고, 거기로 바닷바람이 불어온다. 즉, 여름에는 바다에서 육지 쪽으로 바람이 분다.

반대로 겨울은 잘 식지 않는 바다의 기온이 높다. 해면에서 따뜻해진 공기가 하늘 높이 올라가면 육지에서 바람이 불어온다. 즉, 겨울은 여름과 반대로 육지에서 바다 쪽으로 바람이 분다.

만약 계절풍을 타고 솜솜코가 바다에서 어떤 대륙 가까이 날아갔다고 가정하자. 그 대륙에 갈 수 있는 시기는 바다에서 육지 쪽으로 계절풍이 부는 여름이다. 그리고 대륙을 지나 바다로 가는

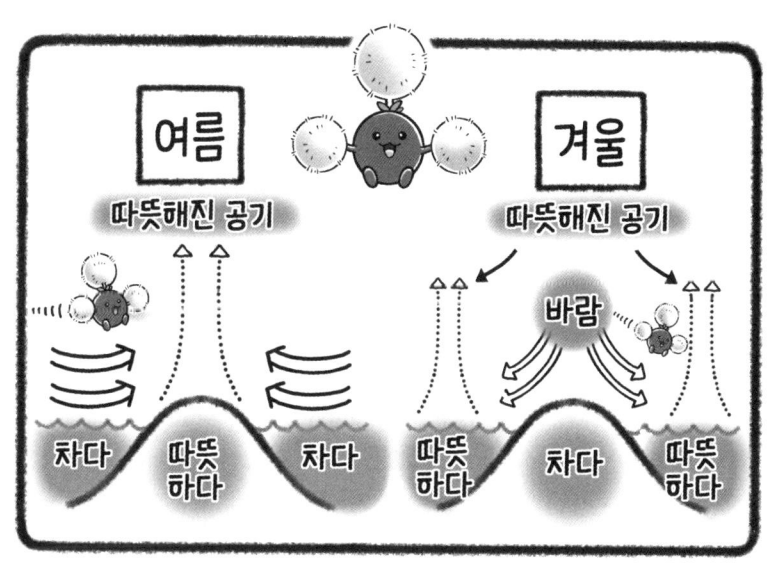

시기는 육지에서 바다 쪽으로 바람이 부는 겨울이다. 즉 솜솜코가 하나의 대륙을 지나가려면 1년이 걸린다는 이야기다.

◉ 솜솜코의 세계 일주

하나의 대륙을 지나가는 데 1년. 예를 들어 솜솜코가 우리나라를 출발해서 동쪽으로 간다면 어떻게 될지 생각해 보자.

우리나라에서 동쪽으로 바람이 부는 시기는 겨울이다. 겨울에는 광대한 유라시아 대륙에서부터 태평양 쪽으로 바람이 분다.

계절풍을 타고 동쪽으로 가는 솜솜코는 태평양 하늘을 떠다니게 된다. 그러나 여기서 커다란 문제가 발생한다! 계절풍은 대륙과 바다의 온도 차 때문에 생기는 바람이므로 태평양 한가운데에서는 불지 않는다. 계절풍만 믿었다가는 바다에 풍덩 떨어져 버릴지도 모른다…….

그러나 솜솜코는 이 상황에서 침착하게 '편서풍'을 이용할 것이 분명하다. 우리나라 부근(북위 $30°\sim40°$ 정도) 하늘에서는 서쪽에서 동쪽으로 바람이 분다. 이 바람이 편서풍인데 편서풍은 구름을 움직이므로 우리나라의 날씨는 서쪽부터 동쪽 순서로 변한다.

계절풍이 불지 않는 바다 한가운데나 넓은 대륙의 중앙에서는 이 편서풍을 타고 솜솜코가 이동하지 않을까? 그렇다면 솜솜코가 태평양에서 편서풍을 타고 가면 북아메리카 대륙 쪽으로 이동한다. 거기에서 여름 계절풍으로 갈아타고 육지로 갈 수 있다.

아메리카 대륙 안에서는 다시 편서풍을 타고 동쪽으로 전진, 그다음 겨울이 되면 계절풍을 타고 대서양으로 갈 수 있다. 여기에서도 편서풍으로 갈아타고 이동해, 유럽이 가까워지면 여름 계절풍을 타고 또…….

바람 따라 여행하는 것은 시간이 좀 걸리지만, 계절풍과 편서풍을 적절히 이용하면 편하게 갈 수 있다. 솜솜코는 바람의 성질을 완벽하게 이해하는 포켓몬이다.

심록포켓몬 리피아에게 생물을 배우자

리피아는 광합성으로 얼마나 많은 공기를 깨끗하게 만들까?

언뜻 보면 여우처럼 생긴 리피아. 자세히 보면 귀나 꼬리의 모습이 나뭇잎을 연상시킨다. 게다가 식물처럼 광합성을 한다니! 이 얼마나 고마운 포켓몬인가.

광합성이란 빛 에너지를 이용해 이산화탄소와 물에서 양분과 산소를 만드는 작용을 말한다. 리피아 주위에 떠다니는 맑은 공기에는 산소가 많고 이산화탄소는

리피아 심록포켓몬　타입 풀
▼ Y
● 키 1.0m
● 몸무게 25.5kg

식물처럼 광합성을 하기 때문에 리피아의 주위는 맑은 공기로 둘러싸여 있다.

적지 않을까? 아, 리피아 가까이로 가서 맛있는 공기를 마시고 싶다!

산소는 생물이 살아가는 데 꼭 필요하다. 산소를 만들어 내면 다른 생물이 살아가는 것을 돕는다는 뜻이다. 리피아는 여우같이 귀여운 몸으로 얼마나 많은 산소를 만들 수 있을까?

◎ 식물의 대단한 점

현실 세계에서 광합성을 하는 것은 식물과 해조류(다시마, 미역 등)다. 광합성의 구조를 공식으로 나타내면 다음과 같다.

빛 에너지 + 이산화탄소 + 물 → 산소 + 양분

광합성에 의해 산소와 동시에 양분도 만들어진다는 사실에 주목하기 바란다. 이 양분은 식물 스스로가 살아가는 데 필요한 것으로, 식물의 대단한 점은 양분을 스스로 만들어 낸다는 사실이다. 인간이나 곤충 같은 동물은 광합성을 할 수 없기 때문에 살아가는 데 필요한 양분을 스스로 만들 수 없다. 그래서 식물이나 다른 동물을 먹어야 살아갈 수 있다.

그렇다면 리피아는 광합성을 하기 때문에 아무것도 먹지 않고 살지 모른다! 온화하고 싸움을 싫어할 것처럼 보이니까 리피아는 실제로도 다른 생물을 습격하지 않을지도 모른다. 너무나 기특하다!

현실 세계에서는 인간의 활동 때문에 이산화탄소가 증가하여 기온이 올라가는 지구온난화가 심각한 문제다. 광합성은 이산화탄소도 줄여 준다. 즉 리피아는 지구온난화를 방지하는 임무도 맡고 있을 가능성이 있다. 정말로 고마운 포켓몬이다.

⊙ 리피아가 만들어 내는 산소

고마워하면서도 궁금한 사실은 리피아가 얼마나 많은 산소를 만드는가다. 현실 세계에 광합성을 하는 동물은 거의 없으니 리피아를 기준으로 계산하겠다.

식물이 만들어 내는 산소와 양분의 양은 비율이 정해져 있다. 리피아도 같은 비율로 산소와 양분을 만든다고 가정하면, 살아가

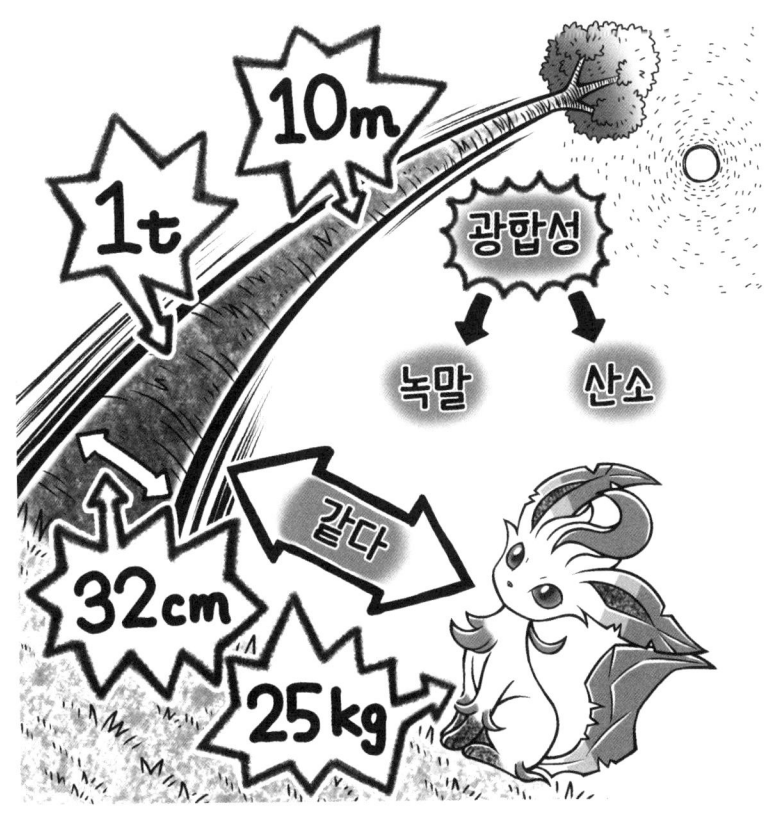

는 데 어느 정도의 양분이 필요한지에 따라 만들어 내는 산소의 양도 정해질 것이다.

 리피아는 몸무게가 약 25kg이고 네 발로 걷는다. 몸무게와 모습이 비슷한 현실 세계의 동물들과 하루에 필요한 열량이 비슷하겠지. 그 경우 하루에 2,100kcal가 필요하다.

광합성으로 만들어지는 양분이란 녹말을 말한다. 2,100kcal의 열량을 포함하는 녹말의 양은 525g이다. 이 정도 양을 광합성으로 만들 때, 동시에 발생하는 산소의 부피는 212L가 된다. 2L짜리 페트병으로 계산하면 106병 분량이다.

이 정도의 산소를 만들어 내는 식물은 어떤 모습일까? 줄기 지름이 32cm, 높이가 10m인 커다란 나무여야 가능하다!

이 정도로 큰 나무는 뿌리와 잎을 포함한 무게가 1t도 넘는다. 리피아는 고작 25kg의 몸무게로 이만큼 많은 산소를 만들어 주는 것이다. 대단해요, 리피아님!

◉ 뚱뚱해지지 않을까?

그러나 찬찬히 생각하면 광합성으로는 양분도 만들 수 있다. 리피아는 이 양분으로 무엇을 할까?

이미 말했듯이 살아가는 데 필요한 에너지로 쓸 것이 분명하다. 현실 세계의 식물은 호흡을 통해 양분에서 에너지를 얻는다. 그 구조는 다음과 같다.

【호흡】 산소 + 양분 → 살아가는 데 필요한 에너지 + 이산화탄소 + 물

그렇다면……. 앗! 뭔가 이상한데?

광합성의 구조를 다시 한 번 확인해 보자.

【광합성】빛 에너지 + 이산화탄소 + 물 → 산소 + 양분

에너지 앞의 '살아가는 데 필요한'과 '빛'이 다르지만, 그 외에는 좌우가 바뀌었을 뿐이다. 그렇다면 리피아는 광합성을 통해 212L의 산소 + 525g의 녹말을 만들어 내는데, 그 525g의 녹말로 호흡할 때 212L의 산소를 써 버리게 된다. 결국 리피아 주위에는 산소가 늘어나지도 줄어들지도 않게 되는 셈인가……?

으음, 하지만 리피아의 주위는 틀림없이 깨끗한 공기로 둘러싸여 있을 것이다. 그렇다는 말은 광합성으로 만든 양분을 전부 다 사용하는 건 아니라는 뜻. 그러면 리피아의 몸에 사용하지 않은 양분이 점점 쌓여 갈 테니 리피아는 뚱뚱해져 버릴지도!

그러나 리피아는 여전히 호리호리하다. 이는 현실 세계의 생물들은 상상도 할 수 없는 일이다. 어쩌면 착한 리피아가 쓰지 않고 남은 양분을 어떤 방법으로든 누군가에게 주는 것이 아닐까? 현실 세계의 지식만으로는 밝혀낼 수 없는 리피아의 미스터리다.

철공포켓몬 메탕에게 물리를 배우자

몸과 지구의 자력을 충돌시켜 공중에 뜨는 메탕의 놀라운 능력

메탕은 '살아 있다'는 느낌과는 거리가 먼 포켓몬이다.

체스 말처럼 생긴 겉모습도 특이할 뿐만 아니라, '몸 안에는 혈액 대신에 강력한 자력이 돌고 있다.' 오메가루비 체내에 흐르는 것은 혈액이 아니라 자력이다. 그리고 '모든 세포가 자석으로 몸에서 자력을 발신하여 동료와 대화한다.' 블랙2 화이트2 모든 세포가 자

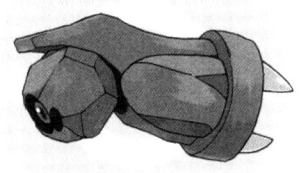

메탕 철공포켓몬   타입 강철 에스퍼
● 키 0.6m
● 몸무게 95.2kg

▼ X

몸에서 나오는 자력과 지상의 자력을 충돌시켜 하늘에 떠오른다.

석이라니!

음, 엄청난 포켓몬이 있었군.

그렇다면 꼭 생각해 봐야 할 문제가 있다. 메탕은 스스로의 자력을 자유자재로 조절할 수 있을까?

◉ 자력을 가지려면?

온몸의 세포가 자석이면 몸도 자석이 되는 게 당연……할 것 같지만, 그렇게 간단한 문제가 아니다.

사실 우리의 몸도 자석으로 이루어져 있다. 인간의 몸을 비롯한 모든 물질은 '원자'라는 작은 알갱이로 이루어져 있는데, 원자 하나하나가 작고 약한 자석이다. 그런데도 인간의 몸이 자석으로 변하지 않고 자석에 붙지도 않는 까닭은, 원자가 여러 방향으로 향하고 있기 때문에 전체적으로는 자력이 사라지기 때문이다.

자석에 붙는 철 같은 물질도 평소에는 원자가 여기저기 다른 방향으로 위치해 있다. 그러나 자석을 가까이 대면 원자들이 일제히 같은 방향으로 향한다. 이 때문에 전체적으로 자력이 생겨 자석에 붙는다. 자석은 보통 때에도 원자가 모두 같은 방향으로 향해 있다. 그래서 자석 전체가 자력을 가지는 것이다.

즉 자석에 붙는가와 그 자체가 자석인가의 문제는 원자의 배열 방식, 그리고 자석을 가까이 댔을 때 원자의 배열 방식이 어떻게 바뀌는가에 따라 정해진다.

이런 점에서 세포 하나하나가 자석인 메탕도 세포들이 늘 같은 방향을 향하고 있어야만 온몸이 자력을 띨 것이란 걸 알 수 있다.

◎ 땅에 떨어지면 어쩌지?

메탕에 대한 몇 가지 에피소드 중에서도 특히 더 주목하고 싶은 내용은 '몸에서 나오는 자력과 지상의 자력을 충돌시켜 하늘에 떠오른다' x 는 점이다.

온몸의 세포가 자석이면 지구의 자력을 밀어내 하늘을 날 수 있는 걸까? 실제로 자기부상열차는 강력한 자력을 이용해 선로에 뜬 상태로 달린다. 아마 메탕도 그 정도는 가능할 것 같긴 한데…….

자석에는 N극과 S극이 있다. 같은 극끼리는 밀어내고 다른 극끼리는 서로 끌어낭긴다. 지구도 거대한 자석으로 북쪽(북반구)은 S극, 남쪽(남반구)은 N극에 해당한다.

메탕의 세포 하나하나가 자석이라면 N극과 S극으로 나뉠 것이다. 세포들이 전부 같은 방향으로 향해 있다면 몸의 어딘가는 N극, 반대쪽은 S극일 것이 분명하다. 몸의 자력과 지구의 자력을 반발시켜 공중에 떴을 경우, 몸의 어느 부분이 N극 또는 S극이 되는지에 따라 메탕이 떠 있는 자세가 바뀐다.

예를 들어 머리가 N극, 다리가 S극일 경우 북반구에서는 다리를 아래로 향하면 지면의 S극에 반발하여 공중에 뜰 수 있을 것이다. 그러나 남반구에서는 거꾸로 서게 된다! 만약 배 부분이 S극, 등 부분이 N극이라면 북반구에서는 엎드린 자세로 공중에 뜰 수 있지만 남반구에서는 반대 자세가 된다!

게다가 자력에 N극과 S극이 있다는 점 때문에 메탕의 공중부양에는 늘 위험 요소가 도사리고 있다. 예를 들어, 머리가 N극이고 다리가 S극이라 북반구에서 다리를 밑으로 향하고 있다고 가정하자. 이때 다리가 S극이라면 S극인 지면에 반발하지만, 머리는 N극이므로 지면과 서로 끌어당긴다. 만약에 메탕이 아래쪽에 있는 뭔가를 발견해서, 자세히 보기 위해 머리를 조금이라도 아래로 숙이는 순간 지면이 머리를 끌어당기고 다리가 튕겨 올

라 몸이 빙그르르 회전한다! 그리고 그대로 머리부터 땅으로 꽈당!……이라는 딱한 사고가 일어날지도 모른다.

이런 사고를 막으려면 공중에서 몸이 절대로 기울어지지 않도록 유지해야겠지. 의외로 메탕은 아슬아슬한 몸의 균형을 계속 유지할 수 있는 테크닉의 소유자일지도 모른다.

⊙ 세포의 방향을 바꿀 수 있다고?

메탕끼리 서로 공중에서 가까워질 때도 주의가 필요하다.

머리가 N극, 다리가 S극인 메탕 두 마리가 서로 점점 가까워진다고 가정해 보자. 그럼 메탕A의 머리와 메탕B의 다리가, 메탕A의 다리와 메탕B의 머리가 서로 끌어당기게 될 것이다. 그 결과 서로 90°씩 회전해서 공중에서 쫘당~하고 충돌하겠지. 두 개의 자석이 서로 붙으면 자력을 잃게 되므로 그대로 땅으로 추락해 버린다!

그러나 그런 사고가 일어날 것 같지는 않다. 아마도 메탕은 온몸의 세포 방향을 자유롭게 바꿀 수 있어서 북반구에서는 어떤 자세를 취하더라도 땅을 향한 쪽은 S극이 되도록 유지하거나 온몸을 S극이 되도록 조절하지 않을까?

현실 세계에는 아직 그런 자석이 없지만, 만약 발견한다면 노벨상 수상이 확실하다. 역시 대단하다. 과학자들은 어서 메탕을 연구 대상 1순위로 삼아야 하다

정령포켓몬 네이티오에게 지구과학을 배우자

태양을 계속 응시하는 네이티오, 무엇을 알 수 있는 걸까?

신비한 분위기를 풍기는 포켓몬, 네이티오. 포켓몬 도감에는 다음과 같이 소개되어 있다.

'과거와 미래를 내다볼 수 있다. 매일 태양의 움직임을 바라보고 있는 이상한 포켓몬이다.' 블랙2 화이트2

'온종일 태양을 바라보며 움직이지 않는다. 미래를 내다보는 힘을 지녔다고 여겨져 성스러운 포켓몬으로 모시는 사람도 있다.' 알파사파이어

네이티오 정령포켓몬 타입 에스퍼 비행
● 키 1.5m
● 몸무게 15.0kg

▼ 알파사파이어

온종일 태양을 바라보며 움직이지 않는다. 미래를 내다보는 힘을 지녔다고 여겨져 성스러운 포켓몬으로 모시는 사람도 있다.

'온종일 네이티오가 꼼짝하지 않는 것은 미래예지로 알게 된 무서운 사건에 겁을 먹고 있기 때문이라고 믿어지고 있다.' 오메가루비

흐음, 어쩐지 무서운데. 네이티오가 태양의 움직임을 관찰하여 미래에 닥칠 무서운 사건을 알게 되고, 그것을 무서워하고 있는 듯하다. 게다가 꼼짝도 하지 않는다는 사실이 더더욱 무섭다.

네이티오는 태양의 움직임으로 과연 무엇을 알 수 있을까?

◉ 태양의 움직임이란?

네이티오가 꼼짝도 하지 않은 채 바라보기만 한다는 태양의 움직임이란 어떤 것일까?

태양은 동쪽에서 떠서 서쪽으로 진다. 뜨는 방향과 지는 방향, 그리고 남쪽 하늘을 지나가는 높이는 계절에 따라 다르다.

여름에는 정동쪽보다 북쪽에서 떠서 남쪽 하늘을 높이 지나간 뒤, 정서쪽보다 북쪽으로 저문다. 태양이 가장 높은 위치를 지나

는 날을 '하지'라고 하는데, 1년 중 해가 가장 길다.

겨울에는 정동쪽보다 남쪽에서 떠서 남쪽 하늘을 낮게 지나 정서쪽보다 남쪽으로 저문다. 태양이 가장 낮은 위치를 지나는 날은 '동지'로, 1년 중 해가 가장 짧다.

봄·가을에는 해가 정동쪽 가까이에서 뜨고 남쪽 하늘의 중간 정도 높이를 지나 정서쪽 가까이로 저문다. 해가 정동쪽에서 떠서 정서쪽으로 저무는 날을 봄에는 '춘분', 가을에는 '추분'이라고 하는데, 이 날은 낮과 밤의 길이가 같다.

즉, 태양의 움직임을 관찰하면 시각과 계절을 알 수 있다. 옛날 사람들은 이를 이용하여 하루의 시간을 알았고, 씨뿌리기와 수확, 그리고 그에 맞춰 축제와 제사 등 한 해 동안 이루어지는 중요한 행사의 시기를 정했다. 그러나 네이티오는 이에 더해 과거와 미래를 내다본다고 하는데, 그게 정말 가능할까? 태양은 1년마다 같은 움직임을 되풀이하니까 아무리 바라본다 한들 내년에도 내후년에도 똑같이 움직인다는 것밖에 모를 텐데…….

◉ 태양의 움직임에 변화가 생기면 큰일이다!

태양을 바라보는 네이티오가 무엇을 감지하는지는 정확히 알 수 없다. 그러나 혹시 네이티오가 태양의 움직임에 미묘한 변화기 생긴 사실을 눈치챌 거라면 어떻게 될까?

태양이 동쪽에서 떠서 서쪽으로 지는 것은 지구가 서쪽에서 동쪽을 향해 하루에 한 번 자전을 하기 때문이다. 그리고 지구는 태양 주위를 1년에 한 번 공전한다.

북극과 남극을 통과하는 자전축은 공전 궤도에서 볼 때 대각선으로 기울어져 있다. 자전축의 방향은 바뀌지 않으므로 북극이 앞으로 몸을 숙이듯이 태양 쪽을 향할 때와 뒤로 몸을 젖히듯이 태양의 반대쪽을 향할 때가 있다. 이로 인해 사계절이 생긴다.

북극이 태양 쪽을 향하는 시기에는 북반구에 햇빛이 잘 든다. 그

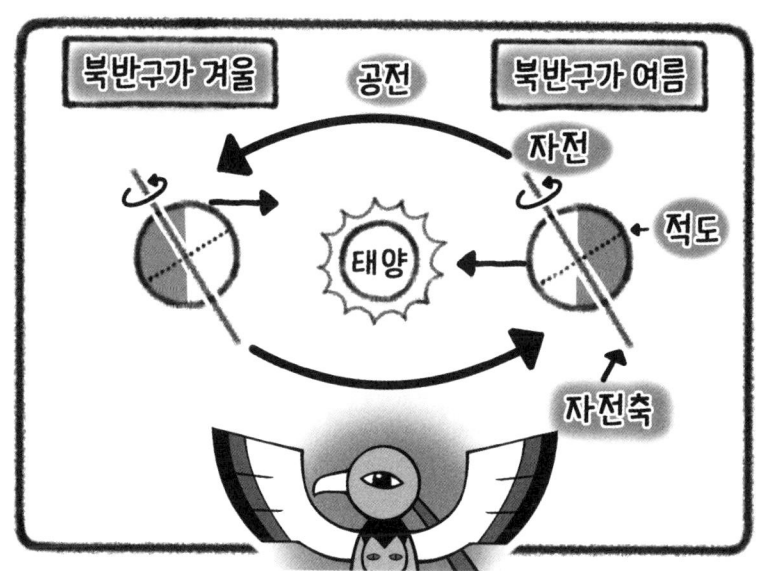

리고 땅에서 사람이 보는 태양의 높이는 높아진다. 북반구에서는 이 시기가 여름이다. 북극이 태양의 반대쪽을 향할 때는 북반구에 햇빛이 별로 들지 않으며, 태양의 높이가 낮아진다. 이 시기가 북반구의 겨울이다.

그럼, 만약 네이티오가 태양의 움직임을 지켜보는 도중 태양이 예전보다 높은 위치를 지나고 있다는 걸 알아챘다면? 그것은 자전축의 기울기가 커졌다는 뜻이다!

지구의 자전축이 지금보다 더 기울면, 여름은 햇빛이 더 잘 들게 되어 점점 더워지고, 겨울은 반대로 더 추워진다. 그럼 지구의 환경은 급격히 변화하고 많은 생물은 멸종될 것이다. 북극, 남극, 그린란드에서는 여름 동안 얼음이 녹아 바다에 물이 흘러들어 해수면이 높아지게 된다. 남극의 얼음이 전부 녹으면 해수면은 지금보다 80m나 높아지게 된다.

◉ 네이티오가 알고 있는 건 무엇일까?

다른 가능성으로 어느 날 네이티오가 태양의 움직임이 평소보다 느리다는 사실을 알아챘다면? 그것은 지구의 자전이 느려졌다는 뜻이다! 하루가 24시간보다 길어지게 되므로 낮에는 더워지고 기온이 가장 낮은 해 뜨기 직전에는 추워진다!

　또 하지 전에 태양의 위치가 평소보다 낮다는 사실을 알아챘다면? 그것은 1년이 짧아졌다는 뜻이다. 즉 지구가 태양에 가까워졌다는 뜻이므로 당연히 더워진다!

　……어쩌면 네이티오가 태양을 관찰해서 알게 되는 것은 그런 태양의 움직임의 변화보다 더 초현실적인 것이 아닐까? 매일같이 꼼짝 않고 태양을 바라보다 보면 미묘한 변화까지 알아챌지도 모른다. 네이티오가 다 알고 있으면서 아무 말도 해 주지 않는 거라면……? 으음, 그 눈을 보면 좀 두근두근한다.

화구포켓몬 히드런에게 지구과학을 배우자

자신의 열 때문에 몸이 녹는 히드런, 괜찮은 걸까?

수더분하게 생긴 포켓몬 히드런. 도감의 설명은 다음과 같다.

'화산의 동굴에서 서식한다. 십자형의 발톱을 박아서 벽이나 천장을 돌아다닌다.' X

'마그마처럼 타오르는 혈액이 몸에서 흐르고 있다. 화산의 동굴에 서식한다.' Y

'단단한 강철의 몸이지만 자신이 내는 고열 때문에 여기저기 녹

히드런 화구포켓몬　　타입 불꽃 강철
● 키 1.7m
● 몸무게 430.0kg

▼ 블랙 2 • 화이트 2

단단한 강철의 몸이지만 자신이 내는 고열 때문에 여기저기 녹아내리고 있다.

아내리고 있다.' 블랙 2　화이트 2

 공격력이나 초생물적인 능력을 내세우지 않고 서식 영역과 생활 방법, 그리고 자신의 몸이 녹는다는 사실만을 알려 준다. 명색이 전설의 포켓몬인데 너무 겸손하군.

 과학적으로 흥미로운 점은 역시 몸이 녹는다는 사실이다. 도감의 그림을 보면 확실히 히드런의 몸에는 군데군데 오렌지색으로 보이는 부분이 있다. 이 부분이 강철 몸체가 녹아내린 부위일까?

 강철은 철에 탄소를 섞어 단단하게 만든 물질인데, 녹는점은 철과 똑같은 1,535℃이다. 그렇다면 히드런의 체온은 1,535℃를 넘는다는 이야기일까? 자신의 몸을 녹일 만큼 체온이 높은 히드런, 정말 괜찮을까?

◉ 자신의 몸에 상처가 난다

 히드런은 체온이 너무 높아서 자기 몸이 상처를 입는다. '세상에 그런 생물이 어디 있어?' 하고 수상하게 여길지도 모르지만 현실 세계에도 그런 경우가 있다.

인간도 마찬가지. 감기에 걸리면 열이 나고 머리가 아파진다. 감기의 원인은 코와 목의 점막에서 감기 바이러스가 늘어나는 것인데, 체온이 올라가는 것은 바이러스의 짓이 아니다. 바이러스는 열에 약하기 때문에 인간의 몸은 바이러스가 들어오면 체온을 높여 바이러스를 퇴치하는 구조가 갖추어져 있다.

하지만 뇌도 고온에 약하기 때문에 열이 나면 뇌의 활동이 둔해진다. 게다가 열 때문에 혈관이 부풀어 뇌를 압박한다. 이 때문에 열이 나면 머리가 멍해지거나 아파지는 것이니까, 사실은 인간의 생체 구조가 원인으로 작용해 스스로 다치게 되는 것이다.

이러한 예는 의외로 많다. 꽃가루 알레르기, 위액이 너무 많이 분비되어 위에 상처가 생기는 위산과다, 인간이 두 다리로 걷게 되면서 발생한 요통, 어깨 결림, 맹장염 등.

◉ 점점 야위어 간다고?

히드런이 1,535℃를 넘을 정도로 높은 체온을 유지하는 이유는 무엇일까? 화산 동굴에 살고 있기 때문이 아닐까?

화산 근처의 동굴은 온도가 높다. 1937년 일본에서 이루어진 터

널 공사 현상 근저에 용암이 있어서 터널 안의 기온이 140℃에 달했다는 기록이 있다. 용암의 온도는 보통 800~1,200℃이므로 실제 자연계에도 히드런의 체온에 가까운 고온의 동굴이 있을지 모른다.

생물은 자기 체온보다 기온이 높은 곳에서는 살 수 없다. 그래서 주위의 기온이 높아지면 체온을 올리려는 구조가 작동한다. 열은 온도가 높은 쪽에서 낮은 쪽으로 전달되므로 체온이 높아야 몸 밖으로 열을 내보내기 쉽다.

만약에 히드런이 기온 1,200℃의 동굴에 살고 있다면 체온이 1,200℃를 넘지 않을 경우 살기 어려울 수도 있다. 생존을 위해 체온을 높게 만들어 결국 1,535℃를 넘어 버린 것 아닐까?

그렇다고는 해도 타오르는 혈액이라는 것은 너무한 것 같다. 타오른다는 것은 말 그대로 활활 타고 펄펄 끓는 것이므로 히드런의 혈관 속에서는 혈액의 액체 성분이 보글보글 기체로 변하고 있을 게 틀림없다. 물의 경우 끓어올라 기체가 되면 부피가 1,700배까지 팽창한다. 히드런은 혈액이 타오르게 되면 몸이 폭발하지 않을까?

걱정이 또 하나 있다. 히드런의 몸에 군데군데 있는 오렌지색 반점 같은 부분이 몸의 녹은 부분일 텐데, 혹시 녹아서 뚝 떨어져

버리지는 않을까? 녹아내린 강철 방울들이 모여 컵 하나 분량인 200ml가 된다고 하면 그 질량은 1.4kg이다. 히드런의 몸무게는 430kg인데 하루에 한 컵씩 녹는다면 308일 만에 다 녹아 버린다! 히드런은 몸이 녹아 없어지는 문제도 고려해서 영양분을 충분히 섭취해야 할 것이다.

◉ 동굴 벽을 올라갈 수 있을까?

히드런이 십자형의 발톱을 박아서 동굴 벽이나 천장을 돌아다닌다는 사실도 놀랄 수밖에 없다. 이 책에서는 히드런의 체온을 1,535℃ 이상으로 가정했지만 그 정도로 뜨거우면 바위도 녹는다. 십자형 발톱을 박아 넣으려고 해도 암벽이 녹아 버려 잘 찔러지지도 않는 것 아닐까? 뭐, 십자형 발톱만 온도가 낮을지도 모르지.

그렇다면 히드런이 사는 동굴은 참 무서운 곳이다. 애당초 뜨거워서 인간이 들어갈 수도 없지만 어떻게든 들어갔다고 해도 천장을 돌아다니는 히드런의 등에서 녹아내린 강철 방울들이 뚝뚝 떨어진다! 으악, 수더분하지만 무서운 히드런. 되도록이면 히드런이 사는 동굴에는 가고 싶지 않다!

뇌전포켓몬 에레키블에게 물리를 배우자

두 개의 꼬리로 전기를 흘리는 에레키블의 효과 만점 공격법!

전기가 몸에 쌓이지 않는 가엾은 에레키드가 진화하면 에레브를 거쳐 에레키블이 된다. 생김새가 훨씬 더 무서워졌고 몸집도 늠름해졌다. 무엇보다 '상대에게 꼬리 끝을 밀어붙여 순식간에 2만 볼트 이상의 고압 전류를 흘려 보낸다.' Y 이제 무사히 전기를 모을 수 있게 되었나 보다. 참 다행이다.

게다가 그 전압은 무려 20,000V

에레키블 뇌전포켓몬 　타입 전기
● 키 1.8m
● 몸무게 138.6kg

▼ Y

2개의 꼬리 끝을 상대에게 바싹 대어 2만V 이상의 전류를 흘려 공격한다.

이상이다! 현실 세계의 가정용 전압은 100~240V인데, 그 정도의 전압에도 감전되지 않기 위해 많은 사람들이 열심히 연구를 하고 있다. 100V의 전압조차 생물의 몸에는 위험하다는 이야기다. 그런데 에레키블은 20,000V나 된다니!

응? 피카츄의 전격은 '10만볼트'인데, 그것보다 한참 낮은걸? 아니아니, 전기의 성질을 고려하면 꼭 그렇지만은 않다.

◎ 언제나! 확실하게!

전기가 흐르는 방식에는 두 가지 유형이 있다. 금속 등에 흐르는 일반적인 전류와 공중에서 전기가 불꽃을 일으키는 공중방전이다.

겨울에 문손잡이에 손을 대면 빠지직 정전기가 나는 것도, 쎈 비구름과 땅 사이에 번개가 치는 것도 모두 다 공중방전이다. 하늘을 나는 피카츄의 전격도 이 공중방전일 것이다.

이에 비해 에레키블은 두 개의 꼬리를 상대방에게 바싹 갖다 대어 전기를 흘려보낸다. 전기를 흐르게 하는 지극히 통상적인 방법이다.

전기는 공중을 날아다닐 때도 전압을 소비한다. 그러니까 현실 세계의 과학으로 생각하면 피카츄의 '10만볼트' 전격도 공중을 나는 데 90,000V를 소모한다면 상대에게는 10,000V밖에 쏘지 못하는…… 경우도 있을 수 있다. 반면에 에레키블은 두 개의 꼬리를 상대방에게 접촉시켜 전기를 흘리기 때문에 20,000V의 전압을 전부 써서 상대방 몸을 감전시킬 수 있다.

즉 피카츄 같은 공중방전형 포켓몬과 에레키블 같은 보통 전류형 포켓몬은 전압만으로 어느 쪽이 더 강한지 비교할 수 없다. 피카츄의 뛰어난 점은 거리가 가까우면 높은 전압으로 공격할 수 있다는 것이고, 에레키블의 놀라운 점은 언제나 확실하게 20,000V 공격이 가능하다는 것이다.

◉ 자기가 당할 가능성도 있다

에레키블에게는 꼬리가 두 개 있다. 이것은 과학적으로도 매우 납득이 가는 형태다.

전지에는 플러스극과 마이너스극이 있으며, 꼬마전구나 모터

에도 두 개의 전시을 연결해야 한다. 각각의 전시을 플러스극과 마이너스극에 연결하면 전류가 흐른다. 전류에는 입구와 출구가 필요하다. 아마도 에레키블의 꼬리는 각각 전류의 입구와 출구 역할을 하는 거겠지.

이때 에레키블이 과학적으로 주의할 점이 있다.

전류가 빙그르르 한 바퀴 도는 길을 '회로'라고 하는데, 에레키블도 전기로 공격할 때에는 상대의 몸과 하나의 회로를 만들게 된다. 여기서 주의할 점은 에레키블 스스로도 회로의 일부가 되어 버린다는 것. 자신의 몸에도 전류가 흐를 수 있다.

이렇게 하나의 고리로 연결된 회로에서는 회로를 구성하는 모든 것에 전압이 분산된다. 각각에 걸리는 전압은 전기가 흐르기 어려울수록 커진다. 전압이란 전류를 흐르게 하는 힘을 말하는데, 전기가 잘 흐르지 않을수록 실제로 전기를 흘리려면 큰 전압이 필요하기 때문이다.

아마도 에레키블의 몸은 전기가 잘 흐르는 물질로 구성되어 있지 않을까 싶다. 전기가 잘 흐르는 정도는 물질에 따라 크게 달라진다. 전기가 잘 통하지 않는 플라스틱 같은 물질과 잘 통하는 금속의 전기 흐름 차이는 1조 배나 된다. 예를 들어 에레키블의 몸이 상대방보다 10,000배나 전기를 잘 흘려보낸다면, 자신의 몸에는 20,000V 중 2V 정도의 전압만 걸리고 상대방의 몸에 19,998V의 전압이 걸린다. 에레키블은 아무렇지도 않겠지만 상대방은 막대한 타격을 입게 될 것이다.

그러나 만약 상대가 자신과 같은 정도로 전기가 잘 흐른다면 각각 10,000V씩 전압이 걸린다! 이렇게 되면 천하무적 에레키블일지라도 위험할지 모른다. 전기로 공격할 경우 에레키블처럼 회로를 만들면 자기도 타격을 입을 가능성이 있다는 뜻이다.

무엇보다 무서운 상황은 혹시 어쩌다가 에레키블의 꼬리끼리 서로 접촉했을 때다. 20,000V의 전압이 고스란히 자기 몸에 걸려 버린다! 에레키블이 꼬리를 다룰 때 반드시 조심해야 하는 까닭이다.

● 타당성 있는 과학적 진화

에레키블의 몸에는 또 하나, 과학적으로 놀라운 구조가 숨겨져 있다.

'전기를 가득 모으면 두 개의 뿔 사이에서 세차게 푸르스름한 불티를 뿌린다' 오메가루비 는 것이다. 아무래도 뿔 사이로 공중방전도 생기나 보다.

혹시 몸에 20,000V가 넘는 전기가 쌓이면 공중방전을 통해 주위로 전기를 조금씩 내보내는 것 아닐까? 몸에 지나치게 강력한 전류가 흐르지 않도록 하기 위해서는 효과적인 방법이다.

두 개의 꼬리도, 두 개의 뿔도, 전류로 싸우기에 매우 적합한 구조다. 에레키드, 에레브를 거쳐 진화한 에레키블은 과학적으로도 타당한 진화를 이루어 낸 것이다.

갑옷포켓몬 마기라스에게 지구과학을 배우자

마기라스가 난동을 부리면 지형이 바뀐다고!? 어떻게 난동을 부리길래?

인간은 아무리 난동을 부려 봤자 그릇이나 유리창을 깨거나 인간관계가 틀어지는 정도다. 그러나 마기라스가 난동을 부리면 산이 무너지고 강이 메워져 지도를 다시 그려야 한다!

대단하다. 지도를 만드는 사람이 너무 고생이잖아. 매일 밤 늦게까지 지도를 고쳐야 할지도…….

아니, 지도를 만드는 사람도 딱

마기라스 갑옷포켓몬 타입 바위 악
▼ Y
• 키 2.0m
• 몸무게 202.0kg

마기라스가 난동을 부리면 산이 무너지고 강이 메워지므로 지도를 다시 그려야 한다.

하지만 문제의 본질은 그게 아니다. 산이 무너지고 강이 메워진 다는 것은 터무니없는 사건이 아닌가. 인간도 산을 무너뜨리고 강을 메울 수 있지만 그러려면 다이너마이트와 불도저, 많은 사람, 긴 세월이 필요하다. 마기라스는 그런 대규모 토목 공사와도 같은 일을 혼자 해내는 것이다. 그건 정말 엄청난 일이다.

지형이 바뀔 정도로 난동을 부린다니, 도대체 어느 정도일까?

◉ 땅울림으로 무너뜨릴 수 있을까?

산을 무너뜨리기 어려운 이유는 산이 거대하기 때문이다.

높이 1,000m의 산이 있다고 가정하자. 그 산의 모양이 백두산과 비슷한 정도의 기울기의 원뿔형일 경우, 이 산의 무게는 약 200억t이다.

마기라스는 키 2m, 몸무게 202kg이니까, 마기라스의 500배나 크고 1,000억 배나 무거운 산이라는 이야기다. 이 산을 어떻게 무너뜨릴 수 있다는 걸까?

포켓몬 도감에 따르면 '지축을 울리면서 걸으면 큰 산조차 무너지며 주변의 지형은 변해 버린다' `블랙 2` `화이트 2` 는데. 아니, 걷기만 하는데도?

현실 세계에서도 큰 지진이 일어나거나 폭우가 퍼부으면 '사태'가 발생하는 경우가 있다. 사태는 산비탈이나 언덕 또는 쌓인 눈 따위가 비바람이나 충격 따위로 무너져 내려앉는 일을 말한다.

일본 기상청(JMA) 진도 계급에 따르면 대규모 사태나 산이 붕괴하는 것은 진도 6강 정도의 지진이다. (한국에서 사용하는 수정 메르칼리(MM) 진도 계급으로 치면 IX~X 정도라고 할 수 있다.) 마기라스가 이 정도 세기로 산을 흔들려면 35억t의 힘으로 지면을 발로 쿵쿵 차야 한다.

35억t이라니? 자기 몸무게의 170억 배다. 그런 힘으로 지면을 쿵쿵 구르며 전진하는 것을 '걷는다'고 표현해도 되나? 아니, 걷는다는 것의 정의야 아무래도 상관없다. 너무나도 어마어마한 숫자가 튀어나와 당황스럽다.

⊙ 주먹으로 바위를 부수다니!

정신을 가다듬고 다른 각도에서 생각해 보자. 마기라스가 산을 무너뜨리는 방법은 하나 더 있다.

'한쪽 팔을 움직이는 것만으로도 산을 무너뜨리고 땅을 울리게 하는 엄청난 힘을 감추고 있다.' x

이게 만약 주먹으로 산을 때려 부순다는 뜻이라면 큰일이다. 마기라스가 주먹 한 방으로 부술 수 있는 바위를 마기라스와 비슷한 크기인 지름 2m 정도의 바위라고 가정하자. 몸무게 202kg인 마기라스가 이 바위를 부수려면 1.4M(마하)의 속도로 주먹을 날려야 한다. 오오, 음속보다 빠른 스피드지만 35억t의 발차기보다는 상당히 현실적인 숫자 아닐까?

안심하기엔 이르다. 펀치 한 방으로 무너지는 바위 무게가 11t이다. 산의 무게가 200억t이므로 전부 때려 부수려면 18억 방의 주먹이 필요하다. 마기라스가 하루에 산을 완전히 무너뜨리려면 1초 동안 날려야 할 주먹은 대략 22,000방…….

이런, 이것도 너무나 비현실적인 숫자잖아.

◎ 레쿠쟈보다 빠르다고? 설마!

35억t 위력의 발차기니, 1초당 22,000방의 주먹이니, 갑자기 믿기지 않는 숫자만 나열하고 말았다. 이 책에서는 수학을 이용해 더 효율적으로 산을 무너뜨릴 방법을 생각해 보자.

　마기라스가 전력 질주하여 온몸을 부딪혀 산을 무너뜨리는 방법을 상상해 보자. 이렇게 하면 202kg의 몸무게를 가장 효과적으로 써먹을 수 있다. 계산해 보니 몸무게 202kg의 마기라스가 200억t의 산을 파괴하려면 689M의 속도로 돌진해야 된다!

　아니, 잠깐만. '돌진해야 된다'니 뭐가? 689M라는 속도는 고작

2분 10초 만에 지구를 한 바퀴 도는 초절정 스피드다. 운석을 먹는 레쿠쟈조차도 이 책에서의 연구에 따르면 120M로 날아다닌다는 계산이 나왔는데, 마기라스가 그보다 다섯 배 이상 빨리 달리다니, 그게 가능할까?

가능할 리가 없잖아. 이 책에 나온 숫자를 그대로 믿으면 마기라스는 단연 어마어마한 포켓몬일 것이다.

어떤 식으로 계산해도 상식을 초월하는 숫자가 나오는 이유는 마기라스의 체중이 202kg밖에 안 되기 때문이다. 산을 무너뜨리려면 막대한 에너지가 필요한데, 에너지는 '질량 × 속도 × 속도'로 결정되므로 터무니없는 초스피드가 필요하다는 결론이 나오는 것이다.

하지만 과학의 법칙 따위에는 눈 하나 깜짝 하지 않고, 오늘도 마기라스는 산을 무너뜨리고 강을 메우며 지도 만드는 사람들의 일을 늘리겠지. 어떻게 그게 가능한지 나도 모르겠다. 확실한 것은 마기라스가 과학을 초월한 엄청난 포켓몬이라는 것이고, 그 사실에는 진심으로 박수를 보내고 싶다.

속삭임포켓몬 소곤룡에게 물리를 배우자

소곤룡의 울음소리는 제트기처럼 크다던데, 대체 얼마나 큰 걸까?

포켓몬 도감에 따르면 소곤룡은 '평소에는 속삭이는 듯한 울음소리'의 소유자라고 한다. 정말로 언뜻 보기에는 매우 연약하고 가냘프게 보이므로, 잘 들리지 않는 목소리로 운다는 사실도 납득이 간다.

그러나 도감의 해설은 이렇게 이어진다. '불안해지면 제트기와 같은 음량으로 울어 댄다'.

소곤룡 속삭임포켓몬　타입 노말

▼ 블랙 2 · 화이트 2

● 키 0.6m
● 몸무게 16.3kg

평소에는 속삭이는 듯한 울음소리를 낸다.
불안해지면 제트기와 같은 음량으로 울어 댄다.

으악! 속삭이던 소리가 갑자기 제트기 음량으로 볼륨 업이라고? 차이가 너무 크지만 과학적으로는 정말 흥미롭다. 소곤룡은 우리에게 소리란 어떤 것인지 가르쳐 주는 포켓몬이다.

◉ 소곤룡의 파워 업은 어느 정도일까?

우선 소곤룡의 속삭이는 듯한 울음소리와 제트기와 같은 음량의 울음소리는 얼마나 차이가 날까?

소리의 크기는 'dB(데시벨)'이라는 단위로 나타내는데, 상당히 특이하다. 속삭임 소리는 20dB, 제트기의 이륙음은 120dB인데, 그렇다고 제트기 소리가 속삭이는 소리보다 $120 \div 20 = 6$배 더 큰가 하면 그렇지 않다.

데시벨은 소리 크기가 10배 될 때마다 10씩 숫자가 증가한다. 30dB은 20dB의 10배의 에너지, 40dB은 20dB의 $10 \times 10 = 100$배 더 강하다. 복잡해!

 그렇다면 120dB은 20dB의 몇 배일까? 조금 전의 공식으로 계산을 계속해 보면, 50dB이면 1,000배, 60dB이면 10,000배, 70dB이면 10만 배……. 이렇게 증가하여, 120dB이면 100억 배다!

 즉 소곤룡은 불안해지면 평소보다 100억 배나 큰 음량을 내는 것이다. 알아듣지도 못할 정도로 작은 소리로 우는가 싶더니 갑자기 대폭발 소리를! 소곤룡의 귀여운 모습에 방심했다가는 정말 깜짝 놀랄 테고, 공격으로써도 강력할 것이다.

⊙ 소곤룡의 진화 레벨은?

무서운 실력을 감춘 소곤룡이 진화하면 노공룡이 된다.

겉모습은 "뭐야, 소곤룡의 귀여운 모습은 어디 간 거지?" 하고 눈을 의심할 정도로 다르지만, 지금 겉모습을 신경 쓸 상황이 아니다. 노공룡의 위력은 어느 정도일까?

도감에 따르면 '나무로 만든 집을 산산조각 내 날려 버릴 만큼 큰 소리를 내어 상대를 혼내 준다. 둥근 귀가 스피커 역할을 한다' 오메가루비 고 한다. 세상에, 목소리만으로 집을 날려 버리다니!

일본 기상청의 풍력단계표를 토대로 계산해 보면 나무로 만든 집을 날릴 정도의 바람의 속도는 보통 초속 50m 정도다. 이 바람을 맞으면 집에 있는 벽 1cm^2 당 300kg의 힘을 받는다.

스피커의 소리가 양초의 불꽃을 흔들고 제트기 폭음이 창문 유리를 깨는 것으로 알 수 있듯이, 소리에도 힘이 있다. 그 힘이 1cm^{2}당 300kg인 소리의 크기를 계산하면 160dB이다.

이것은 소곤룡의 최대 음량인 120dB보다 40dB 크다. 그렇다면 10,000배다. 소곤룡은 노공룡으로 진화하면 파워가 10,000배나 세지는 것이다.

게다가 160dB이면 집이 날아가는 정도로 끝나지 않는다. 인간은 130dB 이상의 음량을 들으면 기절한다.

꼼꼼하게 계산해 보면 노공룡이 한 번 소리를 지르면 반지름 2.4km 이내의 사람이 모두 기절해 버린다! 겉모습도 터프해셨는데 힘도 엄청나게 세진다. 방심해서는 안 될 존재가 되었구나.

⊙ 지진을 일으키는 소리란?

그런 노공룡이 폭음룡으로 진화하면 어떻게 되는 걸까?

겉모습은 노공룡이 그대로 자란 느낌이라, 소곤룡의 모습은 아무데도 없네……?! 감상은 이것으로 끝. 그리고 소리의 위력으로 말하자면 '싸울 때 내는 으르렁거리는 소리는 마치 지진처럼 땅을 쿵쿵 울린다' Y 고 한다.

목소리가 땅을 흔든다니 무섭다. 폭음룡이 10초 동안 으르렁거려 규모 6 정도의 지진을 일으킨다고 가정할 경우 그 목소리의 크기는 250dB이다!

160dB보다 90dB이나 크니까 그 에너지는 10억 배다. 사람이 기절하는 범위를 계산하면 반지름 40,000km다! 지구에서 임의의 한 지점을 기준으로 가장 먼 거리는 지구 반대편이고, 그 거리는 20,000km다. 즉 폭음룡이 으르렁거리면 지구에 사는 인류 전체가 기절한다!

그럼 총정리를 해 보자.

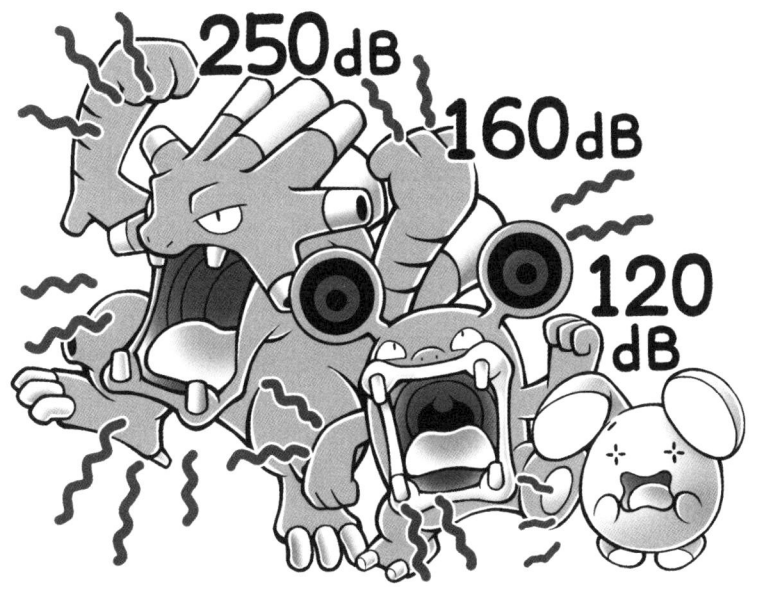

　소곤룡은 불안해지면 평소보다 100억 배 큰 울음소리를 내고, 노공룡으로 진화하면 그보다 10,000배 큰 소리를 내며, 폭음룡으로 진화하면 그보다 10억 배 더 큰 소리를 낸다. 무지막지한 파워 업이라, 귀여운 건 오로지 소곤룡 뿐.

　소리의 힘은 상상 이상으로 무시무시하다. 겉모습으로는 상상도 할 수 없는 힘을 감추고 있는 포켓몬, 소곤룡이 불안해하지 않도록 모두들 조심하자.

> 장난포켓몬 후파에게 물리를 배우자

공간을 일그러뜨려 물체를 멀리 날려 보내는 후파, 그러면 어떻게 될까?

보기만 해도 뭔가 저지를 것 같은 표정의 포켓몬 후파. 포켓몬 도감에도 '공간을 뒤트는 링으로 모든 것을 멀리 떨어진 곳으로 날려버리고 마는 트러블 메이커다' x 라고 되어 있다.

트러블 메이커! 성가신 일과 다툼 같은 문제를 자주 일으키는 사람이라는 뜻이다. 이런 평가를 받는 포켓몬도 드물 텐데.

후파 (굴레에 빠진 후파)
장난포켓몬

타입 에스퍼 고스트
● 키 0.5m
● 몸무게 9.0kg

▼ X
공간을 뒤트는 링으로 모든 것을 멀리 떨어진 곳으로 날려버리고 마는 트러블 메이커다.

 그러나 공간을 일그러뜨려 모든 것을 멀리 날려 버리는 능력은 대단하다. '마음에 든 것을 링을 사용해 비밀의 거처에 모으고 있다. 링을 통해 순간이동한다' Y 는 설명도 있다. 후파는 물건을 날려 보내고 가져오는 것뿐만 아니라 스스로 순간이동까지 할 수 있다니!

 현실 과학에서는 이런 능력이 어떤 원리로 가능한지 설명할 수 없다. 그러니 원리에 대한 설명은 미래의 과제로 남기고 현실 세계에 후파가 실제로 존재하면 어떨지 생각해 보자.

⊙ 질량 보존의 법칙이란?

 후파의 능력을 사용하면 여러 가지가 가능하다.

 예를 들어 방에 있는 독자 여러분이 바나나가 먹고 싶어졌다고 가정해 보자. 후파의 능력이 있으면 눈앞에 바나나가 나타난다. 다 먹은 껍질은 어딘가로 날려 보낸다. 하지만 단순히 바나나를 떠올리면 전 세계에서 수확한 1억t의 바나나가 들이닥칠 위험이 있으니 바나나의 수량은 미리 정해 두는 게 좋겠다.

　이 현상은 언뜻 보기에 질량 보존의 법칙에 반하는 것처럼 보인다. 질량 보존의 법칙은 성질이나 부피가 바뀌더라도 질량의 총합은 바뀌지 않는다는 법칙이다. 예를 들어 물을 끓이면 수증기가 되어 부피가 1,700배가 되지만 물의 질량은 변하지 않는다.

　그러나 바나나의 경우 그때까지 존재하지 않았던 바나나가 생기는 것이므로 방 안의 질량이 바나나의 양만큼 늘어나게 된다. 이렇게 되면?

분명히 방 안의 질량만 생각하면 질량이 늘었다. 그러나 그 바나나는 어딘가에 있었던 것이므로 그 장소의 질량은 줄었다. 그러니까 질량 보존의 법칙은 성립하는 셈이다.

좁은 시야로는 법칙에 어긋나는 것처럼 보이더라도 시야를 넓히면 법칙이 성립하는 경우가 많다. 하지만 후파의 능력에는 아무리 시야를 넓혀도 어긋나는 과학의 법칙이 있다. 그것은 바로 에너지 보존의 법칙이다.

◉ 에너지 보존의 법칙이란?

에너지 보존의 법칙이란 다양한 형태의 에너지가 모습이 바뀌더라도 총량은 변하지 않는다는, 물리학의 가장 기본적인 법칙이다.

예를 들어 롤러코스터가 높은 곳에서 내려오면 엄청난 스피드를 낸다. 높은 곳에 있는 물체의 에너지를 위치 에너지, 움직이는 물체의 에너지를 운동 에너지라고 한다. 롤러코스터는 위치 에너지가 운동 에너지로 바뀌어 움직이는 것이다.

예를 들어 후파는 산 정상에 있는 돌을 가져올 수 있을 것이다. 이것을 에너지 보존의 법칙에 비추어 따져 보면 어떻게 될까? 후파가 해발 0m에 있고, 돌이 있던 정상이 해발 3,000m일 경우 위치 에너지가 운동 에너지로 바뀌어 돌이 시속 870km로 날아오다!

하지만 그런 일은 일어나지 않을 것이다. 후파는 모든 것을 자유자재로 날려 보내거나 가져올 수 있다. 그렇다면 후파는 물체를 이동시킬 수 있을 뿐만 아니라 에너지를 자유롭게 다룰 수도 있지 않을까? 놀라울 정도로 편리한 능력이다.

로켓 발사의 경우 막대한 에너지가 필요하다. 예를 들어 일본의 H-ⅡB로켓은 국제우주정거장에 물자를 운반하지만, 운반할 수 있는 짐은 우주 컨테이너를 합쳐서 19t뿐이다. 이 짐을 고도 400km의 궤도로 쏘아 올리려면 531t의 로켓이 필요하다. 로켓 전체 무게의 85%는 연료다. 하지만 후파에게 맡기면 거대한 로켓도 막대한 연료도 필요 없다. 전 세계에서 앞다퉈 도와달라고 하겠지.

◎ 후파의 능력을 어떻게 사용할까?

후파가 세계 평화와 인류의 행복을 위해 일할 결심을 굳힌다면 자신이 가진 능력을 펼칠 장소는 얼마든지 있다.

지진이나 수해를 당한 지역에 지원 물자를 보내고 사람들을 피난시키고, 의사가 없는 마을에 사는 환자를 병원으로 옮기거나 난파한 배에서 사람을 구할 수도 있다.

그리고 이 세상에는 모자라서 곤란한 사람과 넘쳐서 고민인 사

람이 동시에 존재하는데, 후파라면 양쪽 모두를 구해 줄 수 있다. 홍수가 일어나는 지역에서 비가 내리지 않는 사막으로 빗물 이동! 너무 많이 수확한 곳에서 가뭄으로 괴로워하는 지역으로 농작물 이동! 너무 살이 쪄서 고민인 사람에게서 너무 말라서 고민인 사람에게로 체지방 이동!

누구나 다 기뻐할 것이다.

과학을 초월한 후파의 힘은 꿈의 보고이기도 하다. 후파가 자신의 놀라운 능력을 반드시 효과적으로 사용해 주길 바란다.

대륙포켓몬 그란돈과 해저포켓몬 가이오가에게 지구과학을 배우자

태고에 그란돈과 가이오가는 어떻게 싸웠을까?

아주 먼 옛날, 그란돈과 가이오가는 격렬히 싸웠다는 이야기가 있다.

그란돈은 키 3.5m, 몸무게 950kg 이다. '자연의 힘에 의해 원시회귀하여 원래의 모습을 되찾는다. 그 힘은 마그마를 만들어 내며 대지를 확장한다' `알파사파이어` 고 한다.

가이오가는 키 4.5m, 몸무게 352kg 이다. '자연의 힘에 의해 원시회귀하여 원래의 모습을 되찾는다. 그 힘은 폭풍을 불러들이며 바다를 확장한다.' 오메가루비 고 한다.

아마도 장렬한 배틀이었으리라. 한쪽은 대지의 화신, 한쪽은 바다의 화신인 두 포켓몬이 마그마와 폭풍을 격렬하게 주고받으면서 각자의 영토를 넓히려 싸웠던 것이다.

대지와 바다를 둘러싸고 서로 다툰다는 것은 두 포켓몬의 싸움의 무대가 지구 전체라는 뜻이겠지. 그리고 이 거대한 싸움이 어땠을지를 상상하면 우리가 살고 있는 지구가 어떻게 만들어졌는지 알 수 있다.

◉ 언제부터 싸움이 시작되었을까?

현재의 지구는 바다 면적이 70%, 육지 면적이 30%다.

해저 화산의 분화로 새로운 섬이 탄생하기도 하고, 지구온난화의 영향으로 섬들이 물속에 잠기는 등, 바다와 육지는 늘 변화하고 있지만, 그 비율이 크게 변하는 일은 없다. 예를 들어 공기 중에 존재하는 수증기가 모두 비가 되어 내린다고 해도 바다의 깊이는 3.6cm 정도 깊어질 뿐이다. 이로 인해 넓어지는 바다의 면적은 얼마 되지 않을 것이다.

그렇다면 현실의 지구 상황에 비추어 볼 때 육지와 바다를 둘러싼 그란돈과 가이오가의 싸움은 일어날 수 없는 것일까?

그란돈 대륙포켓몬　타입
- 키 3.5m
- 몸무게 950.0kg

▼ 오메가루비

대지의 화신이라 전해지는 포켓몬.
자연의 힘을 갈구하여 가이오가와 사투를
반복한다는 전설이 있다.

이 문제를 생각하려면 지구가 태어난 무렵으로 시계를 거꾸로 돌려야 한다. 매우 흥미로운 이야기다.

지구는 46억 년 전, 우주를 이리저리 날아다니던 미행성이 모여서 생긴 별이다. '원시 지구'라고 불렸으며 지금의 $\frac{1}{4}$ 정도의 크기밖에 되지 않았다. 그 후에도 미행성(운석)이 지상에 쏟아지고 떨어지는 에너지로 인해 엄청난 열이 발생하여 지구 표면은 걸쭉하게 녹은 마그마로 덮였다. 마그마 바다라고 불리는 상태로, 그때의 지구에는 육지도 바다도 없었다.

이윽고 철 같은 무거운 물질이 중심부에 가라앉는 한편, 수소나 헬륨 등 가벼운 물질은 우주로 빠져나갔다. 그리고 40억 년 쯤 전, 마그마에서 이산화탄소와 수증기가 뿜어져 나와 상공에 두터운 수증기층이 형성되었다.

운석의 충돌이 줄어든 지구가 식기 시작하자 수증기는 공중에서 물이 되어 격렬한 비로 내리기 시작했다. 그 비가 2억 년 동안

가이오가 해저포켓몬 타입 물
▼ 알파사파이어
• 키 4.5m
• 몸무게 352.0kg

바다의 화신이라 전해지는 포켓몬. 자연의 힘을 갈구하여 그란돈과 사투를 반복한다는 전설이 있다.

계속 내려 바다가 생겼다. 동시에 비가 내려 식은 지표면에서 마그마가 암석이 되고 육지가 만들어졌다. 즉, 바다와 육지는 38억 년 전쯤에 함께 만들어졌다.

그란돈과 가이오가가 배틀을 시작한 것은 아마도 이 즈음이었으리라. 현실의 지구에서도 대지와 바다가 서로의 영토를 넓히는 시대가 시작되고 현재까지 이어지게 된다.

◉ 둘 중 누가 이길까?

그렇다면 두 포켓몬은 어떻게 싸웠을까?

그란돈은 마그마를 만들어 대지를 넓혔다고 한다. 과학적으로도 정말 타당한 방법이다.

현실 세계에서 가장 많은 양의 마그마가 뿜어져 나왔던 시기는 지금부터 7,500만 년 전에 인도네시아에서 일어난 화산 분화다. 7조t의 마그마가 뿜어져 나와 그 마그마에서 석유 1,600억t 분량의 열이 방출되었다고 한다. 현재 지구 전체에서 소비하고 있는 에너지로 환산하면 16년 동안 사용할 정도로 많은 양의 열 에너지다.

만약 그란돈이 이 같은 양의 마그마를 분출한다면, 2조 7,000억t이나 되는 해수가 증발한다. 그리고 7조t의 마그마가 굳으면 한반도의 90%에 달하는 육지가 늘어난다는 계산이 나온다.

가이오가는 폭풍을 불러 큰 비를 내리게 해서 바다를 넓혔다고 한다. 가장 효과적인 방법은 수증기를 가득 품은 따뜻한 공기에 찬 공기를 충돌시키는 것이다. 이로 인해 따뜻하고 가벼운 공기는 차고 무거운 공기 위로 타고 올라 상공에서 차가워져 비를 내리게 한다.

만일 가이오가가 현재의 지구에서 이렇게 한다고 해도, 앞서 설명했듯이 바다의 넓이에는 차이가 없다. 그러나 가이오가와 그란돈이 싸웠다는 태고에는 지표면의 마그마에서 자주 수증기가 뿜어져 나왔으므로 그 수증기를 차례차례 비로 만들어 내리게 했다면 바다가 무척 넓어졌을 것이다. 비는 강이 되어 육지를 깎아 더욱더 바다를 넓히게 된다.

두 포켓몬의 계속되는 공방의 최종 결과는 어떻게 되었을까?

지구의 역사를 참고해 볼 때, 처음에는 가이오가가 우세했을 것이다. 38억 년 전에 형성된 바다는 그 후로도 계속 넓어져, 28억 년 전에는 지구 표면의 94%를 차지했다. 육지의 면적은 현재의 $\frac{1}{5}$밖에 되지 않았다.

그러나 그 후로 육지는 여러 번에 걸쳐 크게 넓어져 현재의 면적이 되었다. 판 운동으로 해저가 부풀어 오르거나 대량의 마그마가 흘러나왔기 때문이다. 그란돈이 맹렬한 기세로 반격한 것일까?

⊙ 사실은 사이가 좋은 것 아닐까?

과학적으로 생각하면 그란돈과 가이오가의 싸움에는 이상한 점이 있다.

가이오가는 폭풍을 불러 비를 내리게 한다. 그것이 가능한 이유는 공기 중에 수증기가 있기 때문이다. 하지만 그란돈도 '고열로 물을 증발시켜 대지를 넓혔다고 전해진다.' ⓧ 고열로 바닷물을 증발시키면 그 물은 공기 중의 수증기가 된다. 수증기가 식으면 비가 되니까 결국 유리한 쪽은 가이오가다!

애당초 40억 년 전 비를 내리게 한 원인은 마그마에서 분출된 수증기였다. 그 마그마를 만든 것도 그란돈이라면 그란돈은 가이오가가 활약할 수 있는 환경을 만들어 준 셈이 된다.

가이오가도 마찬가지다. 40억 년 전에 내린 비로 지구 표면의 마그마가 식어서 바위가 되었다. 이 비도 가이오가가 내리게 한 거라면 바다와 동시에 대지를 만든 것 아닐까? 그란돈 입장에서는

이렇게 고마울 데가 없겠지.

  게다가 지구의 표면은 식어서 굳었지만 지하는 뜨겁게 움직이고 있었기 때문에, 그 표면은 몇 조각으로 갈라져 움직이기 시작했다. 그 조각이 바로 '판'이며, 현재도 지구 각지에서 서로 부딪치고 있다. 부딪친 판은 상대 판 아래로 파고들어 지하의 열로 녹의 $\frac{1}{3}$밖에 되지 않았다.

그러나 그 후로 육지는 여러 번에 걸쳐 크게 넓어져 현재의 면적이 되었다. 판 운동으로 해저가 부풀어 오르거나 대량의 마그마가 흘러나왔기 때문이다. 그란돈이 맹렬한 기세로 반격한 것일까?

☺ 사실은 사이가 좋은 것 아닐까?

과학적으로 생각하면 그란돈과 가이오가의 싸움에는 이상한 점이 있다.

가이오가는 폭풍을 불러 비를 내리게 한다. 그것이 가능한 이유는 공기 중에 수증기가 있기 때문이다. 하지만 그란돈도 '고열로 물을 증발시켜 대지를 넓혔다고 전해진다.' x 고열로 바닷물을 증발시키면 그 물은 공기 중의 수증기가 된다. 수증기가 식으면 비가 되니까 결국 유리한 쪽은 가이오가다!

애당초 40억 년 전 비를 내리게 한 원인은 마그마에서 분출된 수증기였다. 그 마그마를 만든 것도 그란돈이라면 그란돈은 가이오가가 활약할 수 있는 환경을 만들어 준 셈이 된다.

가이오가도 마찬가지다. 40억 년 전에 내린 비로 지구 표면의 마그마가 식어서 바위가 되었다. 이 비도 가이오가가 내리게 한 거라면 바다와 동시에 대지를 만든 것 아닐까? 그란돈 입장에서는

이렇게 고마울 데가 없겠지.

 게다가 지구의 표면은 식어서 굳었지만 지하는 뜨겁게 움직이고 있었기 때문에, 그 표면은 몇 조각으로 갈라져 움직이기 시작했다. 그 조각이 바로 '판'이며, 현재도 지구 각지에서 서로 부딪치고 있다. 부딪친 판은 상대 판 아래로 파고들어 지하의 열로 녹아 마그마가 된다.

즉 가이오가가 비를 내려 지표면을 식힌 덕분에 그란돈은 마그마를 만들기가 편해졌다! 전설의 두 포켓몬은 격렬하게 싸우면서도 결과적으로는 서로 도왔다는 이야기다. 흠.

◉ 생명의 탄생에도 공헌했다니!

그란돈과 가이오가가 사실은 매우 협력하는 관계였을지도 모른다는 의외의 결론으로 끝나 버렸지만, 지구의 역사를 되돌아보면 두 포켓몬의 공동 작업은 그뿐만이 아니다.

40억 년 전부터 계속 내린 비는 대기 중의 이산화탄소를 바다 속에 녹이는 것과 동시에 만들어진 지 얼마 안 된 육지를 깎았다. 그 결과 암석에 포함된 마그네슘, 칼슘, 나트륨 등도 바다로 흘러 들어갔다. 이렇듯 바다에 다양한 물질이 녹아 들어감에 따라 생명이 탄생할 수 있는 조건이 마련된 것이다. 생명은 대지가 있고 바다가 있었기 때문에 탄생했다!

대지의 화신 그란돈과 바다의 화신 가이오가. 서로의 격렬한 싸움이 지구를 생명의 별로 만든 것이다. 너무나 강한 인연으로 이어진 숙명의 두 포켓몬이다.

SANGSANGCHOWOL POKÉMON GWAHAK YEONGUSO VOL.1
POKÉMON KUSOKAGAKU DOKUHON VOL.1
By Rikao YANAGITA, Kagemaru HIMENO, POKÉMON Co.,INC.
ⓒ2021 Rikao YANAGITA ⓒ2021 Kagemaru HIMENO
ⓒ2021 Pokémon.
ⓒ1995-2021 Nintendo/Creatures Inc./GAME FREAK inc.
All rights reserved
Original Japanese edition published by OVERLAP.
Korean translation rights in Korea arranged with OVERLAP.
포켓몬스터, 포켓몬, Pokémon은 Nintendo의 상표입니다.
본 제품은 한국 내 독점적 저작권 관리자인 ㈜포켓몬코리아와의 정식계약에 의해 생산되므로 무단 복제 시 법의 처벌을 받게 됩니다. 한국 내에서만 판매 가능.

상상초월 포켓몬 과학 연구소 1

지은이 야나기타 리카오
그린이 히메노 가게마루
옮긴이 정인영
협력 포켓몬주식회사

1판 1쇄 발행 2017년 4월 25일
1판 20쇄 발행 2024년 10월 18일

펴낸이 김영곤
프로젝트2팀 김은영 이은영 권정화 우경진 오지애 김지수 박시은 **디자인** 강홍주
아동마케팅 장철용 황혜선 양슬기 명인수 이규림 손용우 최윤아 송혜수 이주은
영업 변유경 김영남 강경남 황성진 김도연 권채영 전연우 최유성
해외기획 최연순 소은선 홍희정 **제작** 이영민 권경민

펴낸곳 (주)북이십일 아울북
출판등록 2000년 5월 6일 제406-2003-061호
주소 (우10881) 경기도 파주시 문발동 회동길 201
대표전화 031-955-2100 **팩스** 031-955-2177
홈페이지 www.book21.com

ISBN 978-89-509-6947-9
ISBN 978-89-509-6949-3 (세트)

* 책값은 뒤표지에 있습니다.
* 이 책 내용의 일부 또는 전부를 재사용하려면 반드시 ㈜북이십일의 동의를 얻어야 합니다
* 잘못 만들어진 책은 구입하신 서점에서 교환해 드립니다.

* 제조자명:(주)북이십일
* 주소 및 전화번호: 경기도 파주시 회동길 201 (문발동) / 031-955-2100
* 제조연월: 2024.10.18.
* 제조국명: 대한민국 * 사용연령: 5세 이상 어린이 제품